GÜNTHER STÜCKMANN

Der Berufserfolg als Motivationsphänomen

Beiträge zur Verhaltensforschung

Herausgegeben von Prof. Dr. G. Schmölders, Köln

Heft 8

Der Berufserfolg als Motivationsphänomen

Von

Dr. Günther Stückmann

DUNCKER & HUMBLOT / BERLIN

Gedruckt 1968 bei Berliner Buchdruckerei Union GmbH., Berlin 61
Printed in Germany

Inhaltsverzeichnis

§ 1 Einführung

Es entspricht der starken Wachstumsorientierung unserer Gesellschaft, wenn heute an vielen Hochschulen die Wachstumsforschung in ihren drei Hauptvarianten — Wachstumstheorie, empirisch-statistische Analyse des Entwicklungsprozesses und historisch-deskriptive Betrachtung[1] — eine hervorragende Stellung einnimmt. Dabei ist in zunehmendem Maße eine Abkehr von der makroökonomisch orientierten Modelltheorie des wirtschaftlichen Wachstums festzustellen. Die Analyse der Wachstumsfaktoren hat zu dieser Abkehr gezwungen. Sowohl die Veränderungen des Realkapitalbestandes, der Quantität und Qualität des Faktors Arbeit wie auch der technische Fortschritt haben Aspekte, die nur der mikro-theoretischen Analyse zugänglich sind[2].

Mit einer solchen verstärkten Hinwendung zur Mikro-Analyse verbunden ist die Erkenntnis, daß die tatsächliche wirtschaftliche Entwicklung nicht ausschließlich als eine Funktion sogenannter ökonomischer Variablen zu verstehen ist. Zunehmend findet der Begriff der „propensities" Eingang in die Literatur. „The propensities exhibit the extent to which the actual economic decisions of a society deviate from those which would obtain if ‚economic' motives alone were operative[3]."

Ein solches Ausgehen von tatsächlichen wirtschaftlichen Entscheidungen und damit verbunden ein Abweichen von der Idealkonstruktion des *‚homo oeconomicus'* und seinem rationalen Verhalten — grundlegendes Axiom der Modelltheorie — bedeutet keinen notwendigen Gegensatz zur modellgebundenen Wachstumstheorie oder zur Makro-Analyse insgesamt. Vielmehr würde eine solche Interpretation einer Verwechslung von Ideal- und Realtypen und deren jeweiligen Zwecken gleichkommen. Das Funktionsmodell mit seinem Fiktionscharakter bleibt nach wie vor ein heuristisches Hilfsmittel, „das Zusammenhänge überschaubar werden läßt, oder auch, was allerdings problematischer ist, teleologischer Fluchtpunkt im theoretischen oder praktischen Gebrauch"[4].

---

1 *Bombach,* Gottfr.: Wirtschaftswachstum, in: HDSW, Bd. 12, Stuttgart, Tübingen, Göttingen: 1962, S. 764.

2 *Machlup, Fritz:* Der Wettstreit zwischen Mikro- und Makrotheorien in der Nationalökonomie, Tübingen: Mohr 1960, S. 49.

3 *Rostow,* W. W.: The process of economic growth, Oxford: Clarendon 1960, S. 35.

4 *Wölker,* Herbert: Die Bedeutung der empirischen Verhaltensforschung für die ökonomische Theorie, Meisenheim: Hain 1961, S. 203.

Als Ansatzpunkt für eine aktuelle Wachstumsforschung, die von der Erkenntnis ausgeht, daß jede wirtschaftliche Entwicklung das Ergebnis eines komplizierten Zusammenspiels menschlicher Verhaltensweisen und Umweltbedingungen darstellt[5], bietet sich vor allem der bisher in der Theorie stark vernachlässigte — obgleich wichtigste — Produktionsfaktor, die menschliche Arbeitskraft, an. Denn — wie ein Praktiker der Wirtschaftsentwicklung feststellt — „Wachstumsfragen sind trotz der Bedeutung aller materiellen Daten auch und sogar zunehmend menschliche Probleme. Die Möglichkeiten und Grenzen des Wachstums werden bei einer weitgehenden Manipulierbarkeit der technischen Daten in erster Linie vom Menschen bestimmt"[6].

Während die klassische Modelltheorie auch in bezug auf diesen Wachstumsfaktor davon ausgeht, daß die Höhe des Sozialproduktes bzw. der Anstieg desselben schlechthin eine Funktion der effektiven Größe des Faktors Arbeit sei, führt W. W. Rostow wesentliche wirtschaftliche Subvariablen ein. Bezogen auf die Größe und Produktivität dieses Wachstumsfaktors sind das:

1. Die (frühere) Geburtenrate.
2. Die (frühere und jetzige) Sterberate.
3. Die Rolle von Frauen und Kindern im Faktor Arbeit.
4. Der „skill" des Faktors Arbeit.
5. Der „degree of effort", der vom Faktor Arbeit demonstriert wird.

Trotz der Bezeichnung als „economic subvariables" des Faktors Arbeit erkennt Rostow an, daß ihr Ursprung nicht ausschließlich wirtschaftlich bestimmt ist, sondern daß der soziale Rahmen der Gesellschaft eine bedeutende Rolle spielt[7]. Das gilt in besonderem Maße für die Subvariablen vier und fünf, die man gemeinsam als den Qualitätsaspekt des Faktors Arbeit bezeichnen kann.

Die Fähigkeit und damit Effizienz des Faktors Arbeit ist im wesentlichen abhängig von der Qualität des früher entwickelten und von der Gesellschaft akzeptierten Erziehungssystems sowie von der Höhe und der Effektivität der Mittel, die eine Gesellschaft gegenwärtig für solche Zwecke bereitstellt. Diese Zusammenhänge zwischen der Entwicklung

---

[5] *Havelmo*, T.: A study of the theory of economic evolution, Amsterdam: North Holland 1954, S. 45; vgl. auch: *Schmölders*, G.: Der Beitrag der Verhaltensforschung zur Theorie der wirtschaftlichen Entwicklung, in: Systeme und Methoden in den Wirtschafts- und Sozialwissenschaften, Tübingen: Mohr 1964, S. 382.

[6] *Sonnenhol*, G. A.: Utopie dieser Zeit — Wirtschaftswachstum ohne Schmerzen, in: Außenpolitik, Heft 8/66, Freiburg/Brsg.: Rombach, S. 465.

[7] *Rostow*, W. W.: The process of economic growth, New York: Norton 1952, S. 15 und S. 56 ff.

des Bildungswesens und der Forschung auf der einen und dem wirtschaftlichen Fortschritt auf der anderen Seite zu untersuchen, ist — neben der Durchleuchtung der internen Struktur des Bildungswesens und der Forschung — die Aufgabe des neueren Forschungsgebietes Bildungsökonomik geworden[8].

Außer durch die Qualität des Erziehungswesens wird die Fähigkeit des Faktors Arbeit ähnlich wie vor allem der Einsatzwille (degree of effort) bestimmt durch soziokulturelle Werte und Normen, die weitgehend nicht der Rationalität unterliegen und in der Wirklichkeit nicht dem hedonistischen Prinzip der Modell-Theorien entsprechen. Nur so läßt es sich erklären, daß von zwei Ländern mit vergleichbaren wirtschaftlichen, handelspolitischen und schulischen Startbedingungen nur einem das entscheidende „take-off" gelingt[9].

Die Qualität des Produktionsfaktors Arbeit wird alles in allem durch Determinanten bestimmt, die dringend der — zwangsläufig empirischen — Analyse bedürfen. Auch wenn man in den Folgerungen nicht so weit gehen will wie einzelne Forscher[10], so scheinen genaue Kenntnisse über durch den Faktor Arbeit bedingte mögliche Entwicklungsengpässe, die beispielsweise in einer fehlerhaften Struktur des Bildungswesens, fehlender oder mangelhafter Anpassungsfähigkeit und/oder Mobilität usw. gegeben sein können, unerläßlich.

Die vorliegende Untersuchung versteht sich als ein solcher Beitrag zur Erforschung von Bestimmgrößen der Effizienz der menschlichen Arbeitskraft. Als eine solche Größe — die für die Entwicklungsforschung von grundlegender Bedeutung zu werden scheint — ist die Leistungsmotivation als ein persönlichkeitsimmanentes Bedürfnis nach Leistung anzusehen. Seitdem David C. McClelland der Nachweis gelang, daß den Zeiträumen kultureller und wirtschaftlicher Blüte — sowohl im Altertum wie in der Neuzeit — jeweils eine Periode verbreiteter hoher Leistungsmotivation voraufging[11], wurde in der Folgezeit

---

[8] *Bombach*, G.: Bildungsökonomie, Bildungspolitik und wirtschaftliche Entwicklung, in: Bildungswesen und wirtschaftliche Entwicklung, Heidelberg: Verlagsgesellschaft „Recht und Wirtschaft" 1963, S. 11.

[9] Vgl. u. a. die Untersuchungen über Honduras bei: *Strümpel*, B.: Wirtschaftliche Entwicklung als menschliches Verhalten, Berlin: Duncker & Humblot 1964, S. 19 f.

[10] Vgl. z. B.: *Harbison*, F. & *Myers*, G. A.: Education, manpower, and economic growth, New York/London: McGraw Hill 1964, S. 13 f.: "Progress is basically the result of human effort ... Human resouce development, therefore, may be a more realistic and reliable indicator of modernization and development than any other single measure ... We believe, therefore, that the appraisal of human resource development is a logical starting point for an analysis of growth and modernization."

[11] *McClelland*, D. C.: The achieving society, New York: Van Nostrand 1961, S. 63—106: Achieving societies in the modern world; S. 107—158: Achieving societies in the past.

ein dichtes Netzwerk von Beziehungen zwischen der Leistungsmotivation und einer Vielzahl von Leistungsdaten sowie der Leistungsmotivation und diversen Gruppenmerkmalen nachgewiesen[12].

Wenn sich unsere Arbeit auf den Begriff der Leistungsmotivation stützt, so verwenden wir damit eine zwar der psychologischen Forschung entliehene, jedoch häufig bewährte Methode. Gänzlich neuartig ist aber der Anwendungsbereich. Während es sich in den bisherigen Untersuchungen unter Verwendung der Leistungsmotivation entweder um retrospektive Analysen (McClelland) oder um Labor- und Testversuche (Leistung = Testerfolg) handelt[13], wird hier die in den zwei vorgenannten Forschungsrichtungen als Leistungsindikator grundsätzlich bestätigte Leistungsmotivation erstmalig zu einer konkret faßbaren praktisch-wirtschaftlichen Größe, dem nachweisbaren Berufserfolg unserer Testpersonen, in Beziehung gesetzt. Dabei wird der Berufserfolg ebenfalls zum erstenmal als eine von der Leistungsmotivation abhängige Variable aufgefaßt und zu einem späteren Zeitpunkt an der gleichen Testperson gemessen. Ein solches Vorgehen erscheint aus zwei Gründen geboten: Zunächst kann trotz der grundsätzlich anzunehmenden Motivkonstanz die Möglichkeit einer Veränderung der Motivation aufgrund von wiederholten — positiven und/oder negativen — Erfahrungen nicht gänzlich ausgeschlossen werden[14, 15].

Zum anderen scheint uns die Leistungsmessung in Labortests keinen hinreichend begründeten Vergleich mit dem Verhalten im wirtschaftlichen Alltag des Menschen zu gestatten. Geschicklichkeits-, Geschwindigkeits-, Ausdauer- und ähnliche Aufgaben und Situationen dürften sich kaum so konstruieren lassen, daß sie voll der Breite des menschlichen Handlungsspielraumes entsprechen.

---

[12] Vgl. zusammenfassende Darstelung bei: *Heckhausen*, H.: Hoffnung und Furcht in der Leistungsmotivation, Meisenheim: Hain 1963; *Heckhausen*, H.: Leistungsmotivation, Handbuch der Psychologie, Sonderdruck aus Band 2 „Motivationslehre“, S. 602—702, Göttingen: Hogrefe 1965.

[13] In der psychologischen Forschung werden „Erfolg“ und „Leistung“ weitgehend verstanden als überdurchschnittlich gutes Verhalten in Labor- und Testversuchen. Vgl. Einzelprobleme unter Fußnote 69, § 9.

[14] "The fact that successful businessmen score high on measures of the achievement motive is not convincing by itself." ... "On the other hand, it must also be kept in mind that in spite of the theory, it is possible that experience does change people's level of achievement motive."

Morgan, J. N.: The achievement motive and economic behavior, Reprinted from Economic Development and Cultural Change, Vol. XII, 3 April 1964, S. 245 und S. 258.

[15] Mit einem wesentlich geringeren Aufwand an Zeit und Arbeit wäre es möglich gewesen, die Art und Ausprägung der Motivation bereits erfolgreicher Unternehmer oder beruflich bereits erfolgreicher Personen überhaupt nachträglich zu analysieren. Die Interpretation solcher Ergebnisse hätte jedoch aufgrund der nicht bestimmbaren Größe „Motivationsänderung“ vor kaum zu überwindenden Schwierigkeiten gestanden.

Sollte es sich im Verlaufe dieser Untersuchung bestätigen, daß der Berufserfolg von Individuen — entsprechend unserer Hypothese — auf eine ausgeprägte Leistungsmotivation zurückführen läßt, so würde das in zweifacher Hinsicht einen Beitrag zur Analyse der Bestimmgrößen der Effizienz des Wachstumsfaktors „Arbeit“ bedeuten.

Er wäre in der Leistungsmotivation ein Indikator für das Vorhandensein und die Ausprägung der Subvariablen des Faktors „Arbeit“ gefunden, die Rostow als „degree of effort“ bezeichnet. Natürlich könnten aus einer Bestätigung unserer Grundannahme auf mikro-ökonomischer Ebene nicht ohne weiteres Schlüsse auf einen gesamtwirtschaftlichen Wachstumsverlauf gezogen werden. Aufgrund der zuvor gemachten Aussagen ergibt sich, daß möglicherweise zu treffende Feststellungen keinesfalls als der Versuch einer „allgemeinen“ oder „monokausalen“ Theorie des Wachstumsfaktors Arbeit oder gar des Wirtschaftswachstums ganz allgemein zu verstehen sind. Selbst wenn man — in Anlehnung an die Fetstellungen McClelland's — unterstellt, daß eine vergleichsweise große Zahl von beruflich aufwärtsstrebenden Wirtschaftssubjekten einer bestimmten Gesellschaft das wirtschaftliche Wachstum erleichtert, so könnte eine Bestätigung unserer Annahme in bezug auf den Faktor Arbeit *nur dann* allgemeine Gültigkeit haben, wenn sie als eine spezielle Theorie verstanden wird und die Leistungsmotivation tatsächlich als Minimumfaktor anzusehen ist[16].

Der Nachweis einer Beziehung zwischen der Leistungsmotivation und dem Berufserfolg würde darüber hinaus insofern ein Beitrag zur Analyse der Qualität der menschlichen Arbeit bzw. — wenn man das Forschungsgebiet der *Bildungsökonomik* nicht wie hier geschehen[17] als integrierten Bestandteil der Entwicklungsforschung sieht — der Bildungsökonomik sein, als möglicherweise ein Indikator anzubieten ist, der langfristig in einem stärkeren Zusammenhang mit dem späteren Berufserfolg steht als die üblichen Schul- bzw. Studienzensuren oder Lehrerbeurteilungen. Geht man davon aus, daß der Wert eines Auswahlkriteriums an seinem Bezug zur späteren Berufstätigkeit zu messen ist[18], so würde ein solcher Nachweis geeignet sein, ein neues Kriterium für die Weichenstellung im staatlichen und wirtschaftlichen Bildungs- und Ausbildungswesen zumindest neben die derzeit prakti-

---

16 *Schmölders*, G.: Der Beitrag der Verhaltensforschung zur Theorie der wirtschaftlichen Entwicklung, a.a.O., S. 383.

17 Außer Bombach vgl. entsprechende Einordnung bei: *Widmaier*, H. P.: Bildungspolitik in einer wachsenden Wirtschaft, in: „die neue gesellschaft“, Heft 1/67, Bielefeld, S. 16 und S. 26.

18 Vgl. z. B.: *Strümpel*, B.: Volkswirtschaftliche Kriterien für Ausbau und Ausgestaltung des Erziehungs- und Bildungswesens, in: Schmollers Jahrbuch, Berlin: Duncker & Humblot 1965, S. 164 f.; *Hess, Latscha, Schneider:* Die Ungleichheit der Bildungschancen, Texte und Dokumente zur Soziologie, herausgegeben von Heinrich Popitz, Olten: Walter 1966, S. 94 ff. und S. 221 ff.

zierten treten zu lassen[19]. Damit könnte letzten Endes der „skill" der menschlichen Arbeit — Rostows vierte Subvariable — erhöht werden.

Ein direkter Bezug zur *Bildungsökonomik* — als Durchleuchtung der internen Struktur des Bildungswesens — besteht insofern, als die vorliegende Studie die vermuteten Beziehungen am Beispiel der relativ jungen Bildungsinstitution „Höhere Wirtschaftsfachschule"[20] nachzuweisen versucht, deren verstärkter Ausbau von Bildungsökonomen gefordert wird[21]. Obwohl das im Verlaufe der Untersuchung unter diesem Gesichtspunkt anfallende Informationsmaterial nur in beschränktem Umfange dargestellt werden kann, dürfte es im Rahmen der Diskussion „Universität—Fachschule" von Interesse sein.

Primär versteht sich die Arbeit jedoch als ein Beitrag zur Erforschung der Bedingungen und Bestimmgrößen der Effizienz des Wachstumsfaktors Arbeit, wobei das menschliche Verhalten im Vordergrund steht. Dieser Beitrag wird methodisch versucht „auf dem Wege empirischer Feldforschung, der praktischen Analyse konkreter Probleme der Wirklichkeit"[22]. Daraus resultiert der Aufbau der Untersuchung. Als theoretische Grundlage wird im I. Kapitel das Problem der Leistungsmotivation und ihrer Messung untersucht. Die folgenden zwei Kapitel dienen der Analyse und Interpretation des empirischen Materials. Während in Teil II verschiedene denkbare Determinanten der Leistungsmotivation analysiert werden, folgt im abschließenden III. Kapitel der Versuch, den Berufserfolg auf ein Motivationsphänomen zurückzuführen.

Angeregt wurde die vorliegende Untersuchung durch die schwerpunktmäßige Beschäftigung mit den Anwendungsbereichen der empirischen Forschungsmethode während des Studiums, zunächst im Rahmen der Konsumforschung[23]. Die Erhebung des empirischen Materials erfolgte im Rahmen der Untersuchungen der Forschungsstelle für Empi-

---

[19] *Becker*, Hellmut: Bildungsforschung, Bildungsplanung, Bildungspolitik, in: „die neue gesellschaft", Heft 6/66, Bielefeld, S. 459.

[20] Zur Einordnung der Höheren Wirtschaftsfachschulen in das System des kaufmännischen Bildungswesens vgl.: *Schlieper*, Frdr.: Allgemeine Unterrichtslehre für Wirtschaftsschulen, Freiburg: Lambertus-Verlag 1957, S. 46 ff. und S. 174 ff.; bezüglich der methodischen, didaktischen und organisatorischen Einzelprobleme der HWF vgl. u. a.: *Wirtschaft und Erziehung*, Monatsschrift des Verbandes Deutscher Diplom-Handelslehrer, Wolfenbüttel: Heckners Verlag 1965, Nr. 5, S. 193 und 200, Nr. 12, S. 576, 1966, Nr. 3, S. 133, Nr. 5, S. 243 und 245.

[21] *Becker*, C.: Diskussionsbeitrag in: Bildungswesen und wirtschaftliche Entwicklung, a.a.O., S. 49 f.; *Galbraith*, J. K.: Economic development in perspective, Cambridge/Mass.: Harvard 1962, S. 46 ff.

[22] *Schmölders*, G.: Das Irrationale in der öffentlichen Finanzwirtschaft, Hamburg: rde 1960, S. 152.

[23] *Scherhorn*, G.: Verhaltensforschung und Konsumtheorie, in: Schmollers Jahrbuch, Berlin 1960.

rische Sozialökonomik (Leitung Prof. Dr. G. Schmölders). Für die bereitwillige Unterstützung hat der Verfasser den Leitern der Höheren Wirtschaftsfachschulen sowie den auf freiwilliger Basis kooperierenden HWF-Betriebswirten zu danken. Besonderen Dank schuldet er Herrn Prof. Dr. H. Heckhausen, Bochum, für die fachpsychologische und Herrn Privatdozenten Dr. G. Scherhorn sowie Herrn Dr. B. Strümpel für die vielfach notwendige wirtschaftswissenschaftliche Beratung.

Erstes Kapitel

Die Leistungsmotivation und ihre Messung

§ 2 Der Motivationsbegriff

Obgleich es nicht Aufgabe einer wirtschaftswissenschaftlichen Untersuchung sein kann, die verschiedenen Motivationstheorien zu referieren[1] oder gar eine weitere aufzustellen, ist ein kurzes Eingehen auf die gebräuchlichen begrifflichen Grundlagen erforderlich.

1. Motive — Erwartungen — Motivation

Die Begriffe Motiv und Motivation werden selbst in der Fachliteratur sehr häufig synonym verwendet. Atkinson weist insbesondere auf die Bedeutung der theoretischen Unterscheidung zwischen den relativ stabilen Motiven und der sich ändernden Motivation hin[2].

Ein Motiv wird angesehen als eine Disposition innerhalb einer Person, die diese veranlaßt, einer bestimmten Gruppe positiver Reize (incentives) zu folgen (Anstreben von Zielen) oder eine bestimmte Gruppe negativer Reize zu meiden (Abwehr von Gefahren). Es handelt sich dabei nach den bisherigen Erkenntnissen um ein vorwiegend persönlichkeitsspezifisches Charakteristikum. Dieses scheint sich bereits im frühen Kindesalter — beeinflußt durch sozial-kulturelle Umweltbedingungen und Erfahrungen — auszuprägen. Wenn die Psychologie von einer grundsätzlichen Stabilität der Motive ausgeht, so wird diese relativ aufgefaßt und die Möglichkeit späterer — zumindest peripherer — Änderungen nicht ausgeschlossen.

Eine Erwartung stellt eine bestimmte Art kognitiver Assoziation dar, die in der Person hervorgerufen wird durch situationsbedingte Gegebenheiten.

---

[1] Vgl. dazu die ausführliche Darstellung in: *Heckhausen*, H.: Hoffnung und Furcht in der Leistungsmotivation, Meisenheim am Glan: Verlag A. Hain 1963, S. 3 ff.

[2] *Atkinson*, J. W.: Social Origins of Human Behavior, in: Atkinson, J. W. (Editor): Motives in Fantasy, Action, and Society, Princeton/N. J.: Van Nostrand 1963, S. 435.

Der Begriff der Motivation wird verwendet, um den aktivierten Zustand einer Person zu bezeichnen. Ein solcher Zustand entsteht, wenn die Umweltbedingungen die Erwartung hervorrufen, daß das Vollbringen einer Tat zu einem Ziele führen wird, für das in der Person ein Motiv vorhanden ist. Entsprechendes gilt mit umgekehrtem Vorzeichen für das Hervorrufen einer Motivation, die auf Vermeiden gerichtet ist.

Die sich im Verhalten ausdrückende Gesamtmotivation ist eine Summation der auf Erreichen und Vermeiden gerichteten Motivationstendenzen[3].

Für die Zwecke dieser Arbeit soll „Motiv" als eine persönlichkeitsimmanente, relativ überdauernde und auf ein Ziel gerichtete Disposition definiert werden, die durch Erwartungen aus dem latenten Zustand in den aktualisierten Zustand gebracht werden kann[4]. Die Stärke der Motivation ist somit als eine Funktion sowohl der Motivstärke als auch der durch Situationsbedingungen hervorgerufenen Zielerwartung zu sehen[5]. Sinn der Motivforschung ist der Nachweis „eines wenn auch nicht im deterministischen Sinne zwingenden, so doch eindeutigen (ausreichenden) Zusammenhangs zwischen Handlung und Handlungsgrund"[6].

2. Die Leistungsmotivation

In der Psychologie hat man es immer wieder unternommen, Motivkataloge aufzustellen[7]. Je nach dem bevorzugten Gesichtspunkt und

---

[3] Vgl. *Atkinson*, J. W.: Towards experimental analysis of human motivation in terms of motives, expectancies, and incentives, in: Atkinson et al.: Motives in Fantasy, Action, and Society, a.a.O., S. 303 ff.; und *Atkinson*, J. W.: Motivational determinants of risk-taking behavior, in: Atkinson et al.: Motives in ..., a.a.O., S. 323 f.; *Atkinson*, J. W. & *Reitman*, W. R.: Performance as a function of expectancy of goal attaintment, Journal of abnormal and social Psychology, 1960, 53, S. 361; *Atkinson*, J. W., *Bastian*, J. R., *Earl*, R. W. & *Litwin*, G. H.: The achievement motive, goal setting, and probability preferences in: J. abn. soc. Psy., 1960, 60, S. 27.

[4] Vgl. *Atkinson*, J. W.: Thematic apperceptive measurement of motives within the context of a theory of motivation, in: Atkinson et al.: Motives in ..., a.a.O., S. 597 ff.

[5] Von Tolman wurde diese Gleichung erweitert zu: Motivation = f (Motive × Expectancy × Incentive); vgl. Tolman, E. C.: Principles of performance, Psychological Review,1955, 62, S. 315—326; und *Tolman*, E. C.: A cognition motivation model, Psych. Rev., 1952, 59, S. 388—400.
Diese Fassung wurde in der Folgezeit weitgehend übernommen. Im Zusammenhang mit der vorliegenden Arbeit ist dieses theoretische Problem insofern weniger bedeutsam, als nicht mit „incentives" zur Manipulierung der Motivation gearbeitet wird.

[6] *Scherhorn*, G.: Methodologische Grundlagen der sozialökonomischen Verhaltensforschung, Köln/Opladen 1961, S. 114.

[7] Vgl. in Deutschland:
Klages, L.: Die Grundlagen der Charakterkunde, Leipzig: Barth 1936, 7. Aufl.; *Rohracher*, H.: Einführung in die Psychologie, Wien/Innsbruck: Urban 1951, 4. Aufl.; in den USA: *Murray*, H. A.: Toward a classification of

nach der Höhe des gewählten Abstraktionsniveaus sind diese Kataloge in Inhalt und Länge unterschiedlich[8]. Lersch glaubt, drei Theoriengruppen unterscheiden zu können: Monothematische, polythematische und athematische Theorien[9]. Nach McClelland et al. sind so viele Motive vorstellbar, wie es Inhaltsklassen oder Denkmöglichkeiten von Erwartungen (verstanden als durch die Situation bedingte kognitive Assoziationen) gibt. Dabei ist seit reichlich 25 Jahren eine Inhaltsklasse im Gespräch, die man als Leistungsmotivation bezeichnet.

McClelland definiert diese Leistungsmotivation als „competition with a standard of excellence"[10]. Der Gütemaßstab (standard of excellence) kann sehr verschieden gedacht werden. „Entscheidend ist nur, daß die eigene Tätigkeit unter dem Blickpunkt des Besser und Schlechter (damit evtl. verbunden: schneller und langsamer, einfacher, selbständiger usf.) intendiert und beurteilt wird[11]." Gütemaßstäbe können sachbezogen, personenbezogen oder sozialbezogen sein. Leistungsmotivation läßt sich danach genauer bestimmen als „das Bestreben, die eigene Tüchtigkeit in allen jenen Tätigkeiten zu steigern oder möglichst hoch zu halten, in denen man einen Gütemaßstab für verbindlich hält und deren Ausführung deshalb mißlingen oder gelingen kann"[12].

Als eine der Tätigkeiten, in der ein Mensch bestrebt sein dürfte, seine eigene Tüchtigkeit zu steigern, ist sicherlich auch die Berufsarbeit anzusehen, insbesondere das unternehmerische Tun. Insofern könnte es eine begrenzte Parallelität, nicht aber Identität, zwischen der Leistungsmotivation einerseits und dem Erwerbsstreben sowie dem Typ des „dynamischen Unternehmers", der die Durchsetzung neuer „Kombinationen" anstrebt und nach Schumpeter die wirtschaftsendogene Ursache wirtschaftlicher Entwicklung ist, andererseits geben[13]. Festzuhalten

---

interactions, in: Parsons/Shils: Toward a general theory of action, Cambridge/Mass.: Harvard University Press 1951, S. 434 ff.; *Mc Dougall*, W.: Aufbaukräfte der Seele, Leipzig: Thieme 1937, S. 76 ff.; Zusammenfassung bei: *Gardner*, L.: The assessment of human motives, New York: Rinehart 1958, S. 27.

[8] Vgl. *Heckhausen*, H.: Leistungsmotivation, Lebensentwurf und sozialer Status; unkorr. Manuskript einer Sendung des RIAS Berlin vom 2. 11. 1964.

[9] Vgl. *Lersch*, Ph.: Die Strebungen des Menschen, in: Zeitschrift für philosophische Forschung, 1949, S. 208.

[10] Vgl. *McClelland*, D. C., *Atkinson*, J. W., *Clark*, R. A. & *Lowell*, E. L.: The achievement motive, N. Y.: 1953.

[11] *Heckhausen*, H.: Hoffnung und Furcht in der Leistungsmotivation, a.a.O., S. 12.

[12] *Heckhausen*, H.: Leistungsmotivation, in: Handbuch der Psychologie, Sonderdruck aus Bd. 2 „Motivationslehre", Göttingen: Verlag für Psychologie 1965, S. 604; vgl. auch: *McClelland*, D. C.: The use of measures of human motivation in the study of society, in: Atkinson et al.: Motives in . . ., a.a.O., S. 521.

[13] *Schumpeter*, J.: Theorie der wirtschaftlichen Entwicklung, 5. Auflage, Berlin 1952, S. 121 f.

bleibt jedoch, daß die Leistungsmotivation konzeptionell erheblich weiter gefaßt ist und nicht nur — aber auch — wirtschaftliche Gütemaßstäbe umfaßt.

Zurückkommend auf das oben zum allgemeinen Motivationsbegriff Gesagte bedeuten diese Aussagen, daß ein Leistungsmotiv ein persönlichkeitsspezifisches, latentes und relativ stabiles Bedürfnis nach Leistung ist[14]. Die Leistungsmotivation ergibt sich aus der Interaktion der individuellen Motive und der konfrontierenden Situation[15]. Das Ergebnis eines solchen Person-Umwelt-Bezuges ist letztlich immer Erfolg oder Mißerfolg oder wird als solches erlebt. „Die Leistungsthematik ist entsprechend mehr um die Möglichkeit, Erfolg zu erzielen, oder um jene, Mißerfolg zu meiden, zentriert. Dementsprechend gibt es eine aufsuchende und eine meidende Tendenz der Leistungsmotivation: ‚Hoffnung auf Erfolg' und ‚Furcht vor Mißerfolg'[16]."

§ 3 Die inhaltsanalytische Erfassung der Leistungsmotivation

1. Allgemeines

Wenn wir das Leistungsmotiv als eine persönlichkeitsimmanente, auf ein Leistungsziel ausgerichtete Disposition verstehen, dann ergibt sich die Frage, wie ein solches Motiv zu messen ist. Unter Wirtschaftstheoretikern war lange und ist zum Teil noch heute die Auffassung verbreitet, daß Motive aus Handlungen rational geschlossen werden könnten. Eine solche Ansicht muß seit Freud und unter Berücksichtigung der Ergebnisse der modernen Motivforschung als überholt angesehen werden. Andererseits kann auch die Psychologie keine psychoanalytische Durchleuchtung der Versuchspersonen anbieten[17].

Messen bedeutet, daß etwas Bestimmtes nach gewissen Verfahrensvorschriften quantifiziert wird. Voraussetzung ist aber, daß das zu

---

[14] Vgl. *Morgan*, J., *David*, M., *Cohen*, W. & *Bazer*, H.: Income and welfare in the United States, N. Y.: McGraw-Hill 1962, S. 11.

[15] Vgl. *Atkinson*, J. W.: Motives in . . ., a.a.O., S. 435. Eine parallele Feststellung in bezug auf das Konsumverhalten findet sich bei: *Kornhauser*, A. und *Lazarsfeld*, P. F.: The analysis of consumer actions, in: Lazarsfeld, P. F. & Rosenberg, M. (Ed.): The language of social research, Glencoe/Ill.: The Free Press 1957, S. 393 f.

[16] *Heckhausen*, H.: Leistungsmotivation, a.a.O., S. 605.

[17] Vgl. *McClelland*, D. C.: The achieving society, a.a.O., S. 38 f.

Messende zunächst identifiziert werden kann, um es nachher aufgrund von Maßstäben quantifizieren zu können[18, 19].

Auf unser Problem angewandt bedeutet das, daß die latenten Motive einer Person sich infolge von Erwartungen — bedingt durch leistungsthematische situative Anregungen (in anderen Fällen zusätzlich verschiedener „incentives") — in einem Motivationsbild niederschlagen müssen, das dann erst rückschließend eine Identifizierung und Quantifizierung der Motive ermöglicht. Entscheidende Bedeutung kommt dabei dem angewendeten Meßverfahren zu, von dem der Wert der Aussagen in hohem Maße abhängig ist.

Grundsätzlich muß jedes Verfahren, das ein Leistungsmotiv messen soll, nach McClelland zumindest 4 wichtigen Kriterien gerecht werden[20]:

A. Das Verfahren soll das Vorhandensein oder Fehlen eines Motives sowie Variationen seiner Stärke scharf anzeigen können.

B. Die Motivmessung sollte Variationen nur dieses einen Motives anzeigen.

C. Die Messung eines Motives sollte bei einer Person oder Gruppe bei gleichen oder ähnlichen Bedingungen zu gleichbleibenden Ergebnissen führen. Das bedeutet zweierlei: Erforderlich sind:

   1. Beurteilerübereinstimmung und

   2. Wiederholungszuverlässigkeit.

D. Die Motivmessung sollte zu fruchtbaren Beziehungen führen (relational fertility).

Da sich für die Prüfung der dieser Arbeit zugrundeliegenden Kernhypothese eine Vielzahl von Testverfahren anbieten, sei im folgenden der Wert der unterschiedlichen Verfahrensarten kurz an den von McClelland aufgestellten Maßstäben geprüft.

2. Die verschiedenen Meßverfahren

Es versteht sich von selbst, daß in der vorliegenden Arbeit nur die wesentlichsten Vor- und Nachteile der Hauptverfahren im Hinblick auf

---

[18] Vgl. *Heckhausen*, H.: Hoffnung und Furcht in der Leistungsmotivation, a.a.O., S. 19.

[19] Ein solches Messen kann in bezug auf die Leistungsmotivation nicht Selbstzweck sein, sondern muß ständig begleitet werden von Plausibilitätsüberlegungen. Ein Gegensatz zwischen einer operationistischen, den Naturwissenschaften entliehenen Methode und einem phänomenologischen Vorgehen entsteht also nicht zwangsläufig.

[20] *McClelland*, D. C.: Methods of measuring human motivation, in: Atkinson et al.: Motives in . . ., a.a.O., S. 9 ff.

unseren Zweck dargestellt werden können. Über Einzelheiten sowie über Inter-Test-Beziehungen informiert eine umfangreiche Literatur[21].

1. Selbstbeurteilung

Es handelt sich um eine in der Anwendung relativ unkomplizierte Verfahrensweise, die in zwei Abarten praktiziert wird: Direkte Selbstbeurteilung im Sinne einer Einordnung in eine Motivationsskala durch die Testperson selbst[22] oder indirekte Selbstbeurteilung über Stellungnahmen der Testperson, die objektiv ausgewertet werden.

Beide Abarten, insbesondere die direkte Selbstbeurteilung, können lediglich dem Kriterium C voll genügen. Sowohl Beurteiler-Übereinstimmung wie Wiederholungs-Zuverlässigkeit sind in der Regel hoch. Darüber hinaus ist es zweifelhaft, ob überhaupt Motive und deren Änderungen — wenn auch unscharf — gemessen werden. Das indirekte Verfahren wurde zwar seit der Messung der Leistungsmotivation durch *Murray* (1938) erheblich verbessert und findet in der Wirtschaftspraxis als kostengünstiges und einfach zu handhabendes Verfahren häufiger Anwendung. Fruchtbare Beziehungen zu anderen Verfahren konnten nur in Einzelfällen und für Teilbereiche festgestellt werden[23].

2. Fremdbeurteilung

Die Beurteilung der Leistungsmotivation durch Außenstehende ist ein äußerst zweifelhaftes Unterfangen. Die komplexe Verhaltensbreite des

---

[21] Vgl. u. a. Sammelwerke: *Heckhausen,* H.: Hoffnung und Furcht in der Leistungsmotivation, a.a.O., S. 23 ff.; *Heckhausen,* H.: Leistungsmotivation, a.a.O., S. 605 ff.; *McClelland,* D. C.: The achieving society, a.a.O.; *McClelland,* D. C., *Atkinson,* J. W., *Clark,* R. A., & *Lowell,* E. L.: The achievement motive, NY: 1953; *Atkinson* et al.: Motives in ..., a.a.O., darin insbesondere: *French,* E. G., S. 242—247; *Norman,* R. N. & *Alpert,* R., S. 644—663; *Reitman,* W. R. & *Atkinson,* J. R., S. 664—683; Scott, W. A., S. 572 ff.; *Samelson,* F., S. 421—433; *Shipley,* T. E. & *Veroff,* J., S. 90 ff.; *Moser,* C. A.: Survey methods in social investigations, London: Heineman 1958, S. 232 ff.; Einzelprobleme u. a. in: *David,* R.: A comparison of three methods of personality assessment: direct, indirect, and projective; J. Pers., 1955, 23, S. 423—440; *French,* E. G.: Some characteristics of achievement motivation, J. exp. Psy., 1955, 50, S. 232—236; *Morgan,* H. H.: Measuring achievement motivation with "picture interpretation", J. consult. Psy., 1953, 17, S. 280—292; *McArthur,* C. H.: The effects of Need Achievement on the content of TAT-stories, J. abn. soc. Psy., 1953, 48, S. 532—536; *Raphelson,* A. C.: The relationship among imaginative, direct verbal, and psychological measures of anxiety in an achievement situation, J. abn. soc. Psy., 1957, 54, S. 13—18; *Ricciuti,* N. N. & *Sadacca,* R.: The prediction of academic grades with a projective test of achievement motivation. II: Cross validation at high school level, Princeton/NJ: Education Testing Service 1955; *Stouffer,* S. A.: Methods of research used by American social scientists, in: *Berelson,* B. (Ed.): The behavioral sciences today, NY und London: Basic Books 1963, S. 68 ff.; *Weißkopf,* E. A. & *Dunbery,* jr., G. P.: Bodily similarities between subject and central figure in the TAT as influence on projection, J. abn. soc. Psy., 1952, 47, S. 441—445.

[22] Moser stellt dazu vergleichend fest: „One does not ask a respondent which of several personality types he belongs to any more than a docter asks a patient to name his disease." *Moser,* C. A.: Survey methods in social investigations, a.a.O., S. 234; vgl. auch: *Gardner,* L.: The assessment of human motives, a.a.O., S. 22.

[23] *McClelland,* D. C.: Methods of measuring human motivation, in: Atkinson et al.: a.a.O., S. 37; *Heckhausen,* H.: Leistungsmotivation, a.a.O., S. 606.

Beurteilten und die Einstellung des Urteilenden bilden das Hauptproblem[24]. Die Anforderungen A und B können nicht, C und D nur bedingt erfüllt werden.

3. Verhaltensbeurteilung

Bei diesem Verfahren wird weitgehend der Fehler begangen, daß vom Verhalten (response systems, performance, learning, perception) auf Motive geschlossen wird[25]. „Motivation ist jedoch eine intervenierende Variable und als solche nicht zu beobachten[26].“ In der Wirklichkeit fließen in einen Verhaltensakt neben der möglicherweise vorhandenen Leistungsmotivation diverse andere Faktoren (Prestige, Geld, äußerer Druck, Begabung, u.a.m.) ein. Damit können die Bedingungen der Kriterien A und B keinesfalls erfüllt werden.

4. Phantasie-Beurteilung

Diese Methode versucht erfolgreich, die wesentlichen Nachteile der zuvor aufgezeichneten Verfahrensarten zu vermeiden. Gemeinsam ist den verschiedenen Richtungen der Phantasie-Auswertung, daß der Phantasie der Testperson möglichst großer Spielraum gelassen wird. Dabei hat sich seit der Entwicklung des TAT (Thematic Apperception Test) durch *Murray* und nach der Verbesserung und der Anwendung auf völlig neue Bereiche durch McClelland und seine Mitarbeiter im wesentlichen ein Verfahren durchgesetzt[27].

Vor den Testpersonen werden Dias mit Ausschnitten aus der Arbeits- und Berufswelt projiziert. Durch den leistungsthematischen Gehalt der Bilder soll ein Erwartungsgefälle geschaffen und die Leistungsmotivation angeregt werden. Mittels vier gezielter Fragen werden die Testpersonen aufgefordert, ihre subjektiven Gedanken dazu schriftlich zu fixieren. Die so erhaltenen Phantasie-Geschichten werden nach einem standardisierten Inhaltsschlüssel ausgewertet. Durch ständige Verbesserungen des Auswertungsverfahrens bedingt ist eine Identifizierung der Leistungsmotive und entsprechend der Stärke des Erwartungsgefälles auch eine Quantifizierung möglich[28]. Damit ist es gelungen, die Leistungsmotivation über die Phantasie-Beurteilung zu messen.

---

[24] Vgl. *Heckhausen*, H.: Hoffnung und Furcht in der Leistungsmotivation, a.a.O., S. 26.

[25] Vgl. *McClelland*, D. C.: Methods of measuring human motivation, in: Atkinson et al.: Motives in .., a.a.O., S. 22.

[26] *French*, E. G.: Development of a measure of complex motivation, in: Atkinson et al.: Motives in . . , a.a.O., S. 242.

[27] Zu anderen Verfahren der gleichen Richtung vgl.: oben, Fußnote 21; insbesondere „Test of Insight“; *French*, E. G.: Some characteristics of achievement motivation, in: J. exp. Psy., 1955, 50, S. 232—236; *French*, E. G.: Development of a measure of human motivation, in: Atkinson et al.: Motives in ... a.a.O., S. 242 ff.

[28] Die von McClelland entwickelte Auswertungsmethode war in diesem Zusammenhang noch unvollkommen. Cooper und Howell stellen dazu fest: „The same instrument is used to measure both *kind* of achievement motivation and *intensity*“. Zunächst wird eine Intensitätsskala aufgestellt und auf dieser Grundlage dann quantifiziert. Das war zumindest ein Verstoß gegen das Kriterium A von McClelland.

Vgl. *Cooper*, L. M. & *Howell*, R. J.: A reformulation of the “Fear of Failure” and “Hope of Success” concepts as measured by McClelland's need achievement test, in: J. abn. soc. Psy., 1961, 53, S. 82.

Bei dieser Messung bedient sich das TAT-Verfahren „dreier Schliche, um in die bislang uneinnehmbare Festung der überdauernden Motivationsunterschiede einzudringen“[29].

(1) Der Testperson ist der Zweck der Untersuchung unbekannt.

(2) Die Motive werden nahe dem Ursprung erfaßt und bleiben dadurch unverfälscht durch nicht-motivationale Verhaltensdeterminanten.

(3) Die TAT-Methode läßt der Testperson hinreichend Spielraum, um die Person—Umwelt-Bezüge höchst individuell auszugestalten.

Ein solches Vorgehen hat zur Folge, daß den Kriterien A, B und D von McClelland weitestgehend entsprochen wird. Vorhandensein und Variation eines einzelnen Motives werden scharf reflektiert. Dem Kriterium D wird genügt durch fruchtbare Beziehungen, die durch eine große Zahl von Validierungen und Kreuzvalidierungen aufgetaucht sind[30].

Größeren Schwierigkeiten hat das TAT-Verfahren zu begegnen im Hinblick auf das Kriterium C und dabei insbesondere in bezug auf die Wiederholungszuverlässigkeit, während die Beurteiler-Übereinstimmung beachtlich hoch ist[31]. Der größte Vorteil der Messung der Leistungsmotivation durch eine Phantasie-Beurteilung — die Meßschärfe — kann leicht zum Nachteil werden. Es wurde mehrfach festgestellt, daß die Motivation eine Funktion zumindest der Motive und der durch situative Anregungen hervorgerufenen Erwartungen ist. Diese Außenanregungen können im Falle des TAT-Testes ausgehen von der Stärke des leistungsthematischen Bildgehaltes sowie von der allgemeinen Testatmosphäre. Da diese Variablen nur schwer in ihrem vollen Umfang zu kontrollieren sind, war die Wiederholungszuverlässigkeit in verschiedenen Arbeiten nicht sehr hoch[32]. Genauere Untersuchungen dieses spezifischen Problems haben zu der Feststellung geführt, daß eine sogenannte „neutrale“ Versuchssituation (gegenüber der entspannten und der ich-beteiligten) zu optimalen Ergebnissen führt[33].

In direktem Zusammenhang mit dieser Schwierigkeit und mit den Anforderungen des Kriteriums D (relational fertility) stehen die Einwände der Kritiker des TAT-Verfahrens. Als das Fazit verschiedener Untersuchungen wird von ihnen behauptet, daß Phantasie-Geschichten „can also be observed as serving as a substitute activity“[34]. Dieses „alternative-channels model“ führte zur Postulierung einer inversen Beziehung zwischen leistungsthematischem Gehalt in Phantasie-Geschichten und tatsächlichen Leistungsversuchen[35]. Methodische Mängel, insbesondere die nicht optimale Kontrollie-

---

[29] *Heckhausen*, H.: Leistungsmotivation, a.a.O., S. 607.

[30] Vgl. dazu Fußnote 21 oben.

[31] Vgl. entsprechende Feststellung im Rahmen der vorliegenden Arbeit, unten, § 5.

[32] Vgl. dazu u. a.: *Birney*, R. C.: The reliability of the achievement motive, J. abn. soc. Psy., 1959, 58, S. 266—267.

[33] Vgl. *Atkinson*, J. W.: Thematic apperceptive measurement of motives within the context of a theory of motivation, in: Atkinson et al.: Motives in ..., a.a.O., S. 607; *Atkinson*, J. W. & *Reitman*, W. R.: Performance as a function of motive strength and expectancy of goal attainment, J. abn. soc. Psy., 1960, 53, S. 361 ff.

[34] *Vogel*, W., *Baker*, R. W., *Lazarus*, R. S.: The role of motivation in psychological stress, J. abn. soc. Psy., 1958, 56, S. 105—112.

[35] *Broverman*, D. M., *Jordan jr.*, E. J. & *Phillips*, L.: Achievement motivation in fantasy and behavior, J. abn. soc. Psy., 1960, 60, S. 374—378; vgl. als Kritik auch: *Lazarus*, R. S.: A substitutive defensive conception of appercep-

rung der Erwartungsanregungen, sowie nachfolgende Validierungsbefunde lassen die Kritik als nicht überzeugend erscheinen[36].

Nach dieser zwangsläufig unvollständigen Darstellung der Merkmale der vier wichtigsten Verfahrensarten zur Messung der Leistungsmotivation ergibt sich, daß die Methoden der Fremdbeurteilung und der Verhaltensbeurteilung für unsere Zwecke ausgeschieden werden müssen. Als das wissenschaftlich bestfundierte Meßverfahren bietet sich die Phantasie-Beurteilung an. Diese Aussage deckt sich vollinhaltlich mit der Feststellung Katonas — allerdings in bezug auf die Konsumforschung: „Der Grad erfolgsbezogener Einstellung bei einzelnen Personen könnte am besten durch indirekte psychologische Tests bestimmt werden, in denen Reaktionen auf Bilder und Erzählungen bewertet würden. Da jedoch die für die Interviews verfügbare Zeit die Durchführung solcher psychologischen Tests nicht gestattete, wurde eine einfache Methode erdacht, die für ausreichend gehalten wurde, Menschen mit ausgeprägtem Erfolgsstreben von solchen mit vorherrschendem Sicherheitsstreben zu unterscheiden[37]."

Trotz des damit verbundenen Arbeits- und Zeitaufwandes soll in der vorliegenden Untersuchung die bestmögliche derzeit verfügbare Verfahrensweise — eine Weiterentwicklung des TAT mit scharfer Trennung der beiden Grundmotive in der Leistungsmotivation — Anwendung finden. Gleichzeitig wird aber die Anregung Katonas aufgenommen und die von ihm entwickelte stärker praktisch orientierte Befragung zur Ermittlung der Erfolgsorientierung durchgeführt. Durch dieses Vorgehen entsteht kein Dualismus im Ziel der Untersuchung. Es wird lediglich neben der Methode der Phantasie-Beurteilung das nächstbeste Verfahren — die Selbstbeurteilung indirekter Art — parallel praktiziert.

Da zum erstenmal der wirkliche Berufserfolg — und nicht wie in der Psychologie erfolgreiches Verhalten in diversen Tests — und die Motivation einer größeren Gruppe untersucht werden, kann a priori nicht mit Sicherheit gesagt werden, daß das an wissenschaftlichen Maßstäben gemessen beste Verfahren in unserem Zusammenhang die klarsten Aussagen ermöglichen wird. Gleichzeitig könnte sich durch die An-

---

tive fantasy, in: Kagan, J. & Lesser, G. S. (Eds.): Contemporary issues in apperceptive methods, Springfield/Ill.: 1061, S. 51—71; *Feshbach*, S.: The drive-reducing function of fantasy behavior, J. abn. soc. Psy., 1955, 50, S. 3—11.

[36] Vgl. Einzelheiten bei: *Heckhausen*, H.: Leistungsmotivation, a.a.O., S. 609; *Heckhausen*, H.: Hoffnung und Furcht in der Leistungsmotivation, a.a.O., S. 31.

[37] *Katona*, G.: Die Macht des Verbrauchers, Düsseldorf/Wien: Econ 1962, S. 126. Entsprechende Feststellungen bei: *Stouffer*, S. A.: Methods of research used by American social scientists, in: Berelson, B. (Ed.): The behavioral sciences today, New York/London: Basis Books 1963, S. 68; *Hilgard*, E. R.: Psychology: Its present interests, in: Berelson, B. (Ed.): ebenda, S. 46.

wendung von zwei verschiedenen Methoden eine Absicherung der Feststellungen ergeben sowie ein Beitrag zur Herstellung fruchtbarer Beziehungen zwischen zwei Verfahrensweisen[38]. Möglicherweise wird damit auch die in einer neueren Kölner Diplomarbeit aufgeworfene Frage nach der besten Methode beantwortet und ein Hinweis für spätere wirtschaftswissenschaftliche Untersuchungen ähnlicher Art gegeben[39].

3. Hoffnung und Furcht als Grundmotive der Leistungsmotivation

Innerhalb der Gruppe um McClelland wurde relativ frühzeitig erkannt, daß die Skala des von ihnen ermittelten ‚b-Leistungs'-Maßes (n Achievement) die beiden Grundmotive der Leistungsmotivation miteinander vermengt. McClelland stellte dazu schon 1951 fest: „Both positive (approach) and negative (avoidance) motives should be distinguished because they have different effects on behavior" und: „The behavioral effects of these *two motives* are sufficiently different to warrant treating them as distinct"[40]. Trotzdem wurde das Grundverfahren beibehalten und lediglich festgestellt, daß das untere Drittel der Skala des ‚b-Leistungs'-Maßes eine ausgeprägte Furcht vor Mißerfolg besitzt[41]. Entsprechende Kritik von außen[42] führte dazu, daß Moulton[43] sowie Ricciuti und Schultz[44] Auswertungen mit getrennter Erfassung der Motive versuchten.

---

[38] Vgl. oben: Kriterium *D* nach McClelland.

[39] *Beichelt,* B.: Leistungsmotivation und Steuerwiderstand, Kölner Diplomarbeit, WS 1965/66, S. 26.

[40] *McClelland,* D. C.: Personality, NY: Dryden Press 1951, S. 498 bzw. 464; entsprechend auch: *Atkinson,* J. W. & *Litwin,* C. H.: Achievement motive and test anxiety conceived as motive to approach success and motive to avoid failure, J. abn. soc. Psy., 1960, 60, S. 52—63; *Atkinson,* J. W.: Motivational determinants of risk-taking behavior, Psych. Rev., 1957, 64, S. 359—372; *Coopersmith,* St.: Self-esteem and need achievement as determinants of selective recall and repetition, J. abn. soc. Psy., 1960, 60, S. 310—317; *Clark,* R. A., *Teevan,* R. & *Ricciuti,* H. M.: Hope of success and fear of failure as aspects of need for achievement, J. abn. soc. Psy., 1956, 53, S. 182—186.

[41] Vgl. u. a.: *Atkinson,* J. W., *Bastian,* J. R., *Earl,* R. W. & *Litwin,* G. H.: The achievement motive, goal setting, and probability preferences, J. abn. soc. Psy., 1960, 60, S. 27—36.

[42] *Feather,* N. T.: Persistance at a difficult task with alternative task of intermediate difficulty, J. abn. soc. Psy., 1963 b, 66, S. 604—609; *McArthur,* C. C.: Book review: The achievement motive, by McClelland et al., 1953, J. abn. soc. Psy., 1954, 49, S. 478; *McArthur,* C. C.: The effects of need achievement on the content of TAT-stories: A re-examination, J. abn. soc. Psy., 1953, 48, S. 532 bis 536; *Cooper,* L. M. & *Howell,* R. J.: A re-formulation of the "Fear of Failure" and " Hope of Success" concepts, as measured by McClelland's need achievement test, J. abn. soc. Psy., 1961, 53, S. 81—85.

[43] *Moulton,* R. W.: Notes for a projective measure of fear of failure, in: Atkinson et al.: Motives in . . ., a.a.O., S. 563—571.

[44] *Ricciuti,* H. M. & *Schultz,* D. G.: Level of aspiration measures and self-estimates of personality in relation to achievement motivation, Educ. Testing Service, Princeton/NJ., 1958.

Am Psychologischen Institut der Universität Münster gelang unter Heckhausen dieses Vorhaben. Beide Motive sowie deren Ausprägung werden bereits in der Auswertung getrennt erfaßt. Erst damit wird der Anforderung der Kiterien A und B in vollem Umfange genügt[45].

Angesichts der erstrebten Trennung der Grundmotive der Leistungsmotivation ist es wichtig, beiden Tendenzen im Test die gleichen Chancen einzuräumen. Das geschieht zunächst durch eine „neutrale" Testsituation. In einem Test gehen die Anregungen von zwei Größen aus: Testanweisung und Bildgehalt. Die Anweisungen treten stärker zurück, um der Phantasie größtmöglichen Spielraum zu lassen und beide Motive nicht ungleichmäßig anzuregen. Der Bildgehalt wird dagegen etwas stärker leistungsthematisch bestimmt, und zwar in alternierender Folge durch überwiegend erfolgs- und mißerfolgsgeladene Situationen (A, C, E = Erfolgsbilder — B, D, F = Mißerfolgsbilder).

Die Versuchspersonen beantworten innerhalb von fünf Minuten je Bild auf einem vorbereiteten DIN A 4-Bogen vier Fragen:

1. Was spielt sich hier ab — wer sind die Personen?
2. Wie ist es zu dieser Situation gekommen — was hat sich vorher zugetragen?
3. Was denken die einzelnen Personen auf dem Bild — was wollen sie?
4. Wie wird es weitergehen — wie geht alles aus?

Die sich daraus ergebenden Phantasie-Geschichten werden nach zwei Inhaltsschlüsseln ausgewertet: „Hoffnung auf Erfolg" und „Furcht vor Mißerfolg". Folgende Aussagen werden dabei verrechnet:

‚Hoffnung auf Erfolg'

B Bedürfnis nach Leistung und Erfolg
I Instrumentale Tätigkeit (ein Ziel zu erreichen)
E Erfolgserwartung
L Lob
G + Positiver Gefühlszustand
Th Erfolgsthema

‚Furcht vor Mißerfolg'

Bm Bedürfnis nach Mißerfolgsmeidung
Im Instrumentale Tätigkeit, um Mißerfolg zu meiden
Em Mißerfolgserwartung
T Tadel
G − Negativer Gefühlszustand
M Mißerfolg
Thm Mißerfolgsthema

---

45 *Heckhausen*, H.: Hoffnung und Furcht in der Leistungsmotivation, a.a.O., S. 49 ff.

Für jede Versuchsperson werden die vorgefundenen Inhaltskategorien in den Geschichten zu allen sechs Bildern addiert. Entsprechend erhält man zwei Punktzahlen, eine für „Hoffnung auf Erfolg" und eine für „Furcht vor Mißerfolg". Eine Gewichtung erfolgt in beiden Fällen gleichmäßig durch das Erfolgs- bzw. Mißerfolgsthema.

Aus diesen Punktzahlen können für jeden Testteilnehmer berechnet werden:

„1. HE ‚Hoffnung auf Erfolg' (oder auch kurz: Erfolgs*motiv*)

2. FM ‚Furcht vor Mißerfolg' (oder auch kurz: Mißerfolgs*motiv*)

3. HE minus FM = NH ‚Netto-Hoffnung' (oder auch kurz: Erfolgs- oder Mißerfolgs*motivation*, je nach der vorherrschenden Richtung)

4. HE plus FM = Gm Gesamt*motivation*

Unter ‚Motiv' werden — in Übereinstimmung mit unseren theoretischen Überlegungen — einzelne Tendenzen, unter ‚Motivation' die miteinander verbundene Wirksamkeit verschiedener Tendenzen verstanden. ‚Erfolg' und ‚Mißerfolg' betrifft immer nur das Bedürfnis nach Leistung und nicht etwa andere Bedürfnisse. Aus Gründen sprachlicher Kürze wird dies nicht jedesmal wieder betont[46]."

Zum Zwecke der Analyse der Testergebnisse werden in dieser Untersuchung aus den Punktzahlen aller Teilnehmer sowohl Median wie Mittelwert für beide Motive sowie für die Gesamtmotivation berechnet[47]. Danach ist es möglich, jede Testperson als stark oder schwach erfolgs- oder mißerfolgsmotiviert und hoch oder niedrig in der Gesamtmotivation zu klassifizieren[48].

Um gegebenenfalls weitere klärende Hinweise zu bekommen, wird zusätzlich eine Dreiteilung der jeweiligen Punktskalen für die „Hoffnung auf Erfolg", die „Furcht vor Mißerfolg" und die „Gesamtmotivation" vorgenommen, wobei die mittlere Gruppe relativ groß gefaßt und ausgeschaltet wird. Es können danach extrem hoch erfolgs-, mißerfolgs- und gesamtmotivierte Personen denen gegenüber gestellt werden, die in beiden Motiven und deren Summation extrem niedrig liegen[49]. Durch

[46] *Heckhausen*, H.: Hoffnung und Furcht in der Leistungsmotivation, a.a.O., S. 68; Einzelheiten ebenda.

[47] In diesem Falle ergeben sich nur geringe Unterschiede zwischen beiden Werten (*HE* 6,2 bzw. 6,5 — *FM* 7,95 bzw. 7,96 — *GM* 14,8 bzw. 14,3), so daß die Notwendigkeit einer Entscheidung für die eine oder andere Methode sich nicht stellte.

[48] Die entsprechenden Werte für eine Einstufung als „hoch" sind in unserer Untersuchung: *HE* ab 7 Punkte, *FM* ab 8 Punkte, *GM* ab 15 Punkte.

[49] Als *extrem hoch* bzw. *extrem niedrig* sind Testpersonen mit folgenden Punktwerten einzustufen:

	HE	FM	GM
extrem hoch	11 u. mehr	12 u. mehr	19 u. mehr
extrem niedrig ...	0 bis 2	0 bis 4	0 bis 10

eine solche Gegenüberstellung steigt in vielen Fällen der Korrelationskoeffizient erheblich an; andererseits sinkt infolge der kleineren Zahl von Testpersonen grundsätzlich die Signifikanz-Grenze[50].

Diese Kurzdarstellung der Phantasie-Beurteilung und -Auswertung auf der Grundlage der ‚Heckhausen'-Methode läßt zweifellos eine große Zahl von Fragen offen. Die exakte Darstellung und ein Einarbeitungskurs umfassen etwa 30 % eines Werkes von 370 Seiten. Auf letzteres muß an dieser Stelle verwiesen werden[51].

§ 4 Die Leistungsorientierung

Vor Anwendung der von Katona entwickelten Fragen sei an das unter der Methodenbeurteilung Gesagte erinnert. Dieses Verfahren ist in die Gruppe der indirekten Selbstbeurteilung einzuordnen und unterliegt damit den bekannten Beschränkungen. Es ist zu überlegen, ob durch die Frage Katonas überhaupt oder vorwiegend Leistungsmotivation gemessen wird[52].

Der Begriff der „Orientierung" ist nach Alper wesentlich weiter gefaßt, und zwar in dem Sinne, daß ganz bestimmte Handlungsabsichten mit einfließen[53]. Deshalb ist dieser Paragraph bewußt mit „Leistungsorientierung" überschrieben worden.

1. Erfolgs- und Sicherheitsstreben

Wenn das Katona-Verfahren trotz unserer Bedenken — wenn auch in modifizierter Form — Anwendung findet, so sind die zuvor geschilderten Gründe bestimmend. Theoretisch könnte zumindest eine Ähnlichkeit zwischen der „Hoffnung auf Erfolg" nach dem ‚Heckhausen'-Verfahren und Katonas „Erfolgsorientierung" konstruiert werden, möglicherweise auch gewisse Beziehungen zwischen der „Furcht vor Mißerfolg" und der „Sicherheitsorientierung".

Das Verfahren ist wie die ganze Gruppe der Selbstbeurteilung leicht zu handhaben. Die Testpersonen werden gebeten, die für sie jeweils gültigen Vorzüge eines Berufes oder einer Position im Sinne einer Rangreihe einzuordnen:

---

50 Der Verfasser ist sich der Tatsache bewußt, daß eine Gegenüberstellung von Extremwerten bei Eliminierung der Mittelgruppe in einem Vier-Felder-Schema in bezug auf die statistische Methodenlehre nicht unangreifbar ist. Ein solches Vorgehen verfolgt nur den Zweck, ergänzende Hinweise zu bekommen.

51 *Heckhausen*, H.: Hoffnung und Furcht in der Leistungsmotivation, a.a.O., Anhang.

52 *Beichelt*, B.: Leistungsmotivation und Steuerwiderstand, a.a.O., S. 26.

53 *Alper*, T. G.: Memory for completed and incompleted tasks as a function of personality: An analysis of group data, in: J. abn. soc. Psy., 1946, 41, S. 403—420.

Bitte sehen Sie sich die folgenden Aussagen (A—F) darüber an, was man an einem Beruf als „wichtig" ansehen kann. Entscheiden Sie bitte, welche der Aussagen Ihrer persönlichen Meinung am nächsten, zweitnächsten usw. kommt, indem Sie die Ziffern 1 bis 6 einsetzen:

Ich würde bevorzugen eine Stellung oder einen Beruf mit:	Rangfolge von 1 (am stärksten bevorzugt) bis 6 (am wenigsten bevorzugt)
A. Festem Einkommen	....
B. Hohem Einkommen	....
C. Keiner Gefahr der Entlassung oder Arbeitslosigkeit	....
D. Kurzer Arbeitszeit, viel Freizeit	....
E. Guten Aufstiegsmöglichkeiten	....
F. Interessanter Arbeit, die ein Gefühl der Befriedigung gibt	....

Beim Auswerten der Antworten wurden — wie bei Katona[54] — die Personen, die A und C mit 1, 2 oder 3 bezeichnet hatten oder die A und C höher als E und F stellten, als sicherheitsorientiert eingestuft. Alle, die E und F als 1, 2 oder 3 bezeichneten oder E und F höher stellten als A und C, wurden als erfolgsorientiert eingruppiert. Sämtliche anderen Kombinationen wurden als nicht zu klassifizieren angesehen.

Eine entsprechende Auswertung wurde zunächst in der vorliegenden Untersuchung durchgeführt. Die dabei ermittelte Verteilung auf die drei Gruppen unterscheidet sich grundlegend von den bei Katona angeführten Werten[55]:

	N	%	Katona[56] %
Erfolgsorientierung	127	92,1	28
Sicherheitsorientierung	5	3,6	54
Nicht zu klassifizieren	6	4,3	18

[54] *Katona,* G.: Die Macht des Verbrauchers, a.a.O., S. 126 f.

[55] Auf die sechs Alternativen verteilen sich die Antworten wie folgt:

Das wichtigste an einem Beruf ist:	N	%
Festes Einkommen	9	6,5
Hohes Einkommen	12	8,7
Keine Entlassung/Arbeitslosigkeit	3	2,2
Kurze Arbeit, viel Freizeit	—	0
Aufstiegsmöglichkeiten	40	29,0
Interessante Arbeit	69	50,0
Keine oder unklare Antwort	5	3,6
	138	100,0

[56] *Katona,* G.: Die Macht des Verbrauchers, a.a.O., S. 127.

Diese völlig unzureichende Streuung kann verschiedene Gründe haben. Die untersuchte Gruppe der deutschen HWF-Studenten darf zunächst nicht als repräsentativ für Deutschland angesehen werden. Darüber hinaus dürfte selbst der deutsche Durchschnittsbürger eine andere Berufsorientierung besitzen als der amerikanische (abweichende Bedeutung der Einkommenshöhe und besonders der Gefahr der Entlassung oder Arbeitslosigkeit in beiden Ländern). Hier ist jedoch nicht der Ort, diese Problematik im einzelnen zu untersuchen. Andererseits ist eine von der Katona-Methode abweichende Auswertung der Antworten geboten.

2. Einkommensmaximierung — Sicherheitsorientierung

Dabei bietet sich zunächst die in der bereits angeführten Kölner Diplom-Arbeit praktizierte Verfahrensweise als Lösungsmöglichkeit an. In dieser Untersuchung wird unterschieden zwischen: Einkommensmaximierung, Sicherheitsorientierung und immaterieller Berufsorientierung. „Einkommensorientiert" sind nach Beichelt Personen, die ein hohes Einkommen als wichtigstes Berufskriterium ansehen. Entsprechend gelten Testpersonen als „sicherheitsorientiert", wenn sie ein festes Einkommen an die Spitze der Rangskala setzen. Als beruflich „immateriell orientiert" gelten die Personen, die als wichtigstes und als zweitwichtigstes Merkmal der Berufstätigkeit einen nichtfinanziellen Gesichtspunkt nennen.

Auch hier zeigt unsere Untersuchung eine erhebliche Abweichung in der Verteilung (insbesondere hinsichtlich der Sicherheitsorientierung):

					Beichelt[57]	
	N	%	N	%	N	%
Einkommensmaxim.	12	8,7	12	11,3	50	8,6
Sicherheitsor.	9	6,5	9	8,5	271	46,3
Immaterielle Or.	85	61,6	85	80,2	264	45,1
Nicht zu klassif.	32	23,2	106	100,0	585	100,0
	138	100,0				

Nach diesem Ergebnis muß angenommen werden, daß hinsichtlich der Berufsorientierung — trotz geringfügig unterschiedlicher Fragestellung — zwischen den Gruppen „Selbständige" und „HWF-Studierende" größere Unterschiede bestehen.

Obwohl die sehr ungünstige Verteilung — eine zu geringe Zahl von Testpersonen in den Gruppen „Einkommensmaximierung" und „Sicherheitsorientierung" — eine Verwendung des von Beichelt entwickelten

[57] *Beichelt*, B.: Leistungsmotivation und Steuerwiderstand, a.a.O., S. 29 f.

Auswertungsverfahrens für unsere Zwecke kaum zuläßt, wurde nach Zusammenhängen zwischen der Einkommensmaximierung und Sicherheitsorientierung einerseits und der nach TAT ermittelten Leistungsmotivation andererseits gesucht. Aufgrund des vorliegenden Materials muß angenommen werden, daß solche Beziehungen nicht vorhanden sind, und zwar weder hinsichtlich des Erfolgs- und des Mißerfolgsmotives noch in bezug auf die „Netto-Hoffnung" und die „Gesamtmotivation". Es verdient hervorgehoben zu werden, daß keine Korrelationen zwischen dem Streben nach Einkommensmaximierung und hoher Erfolgsmotivierung sowie zwischen dem Sicherheitsstreben und starker Mißerfolgsmotivierung festzustellen sind.

Unsere Aussage ist natürlich — schon aufgrund der niedrigen Basiszahlen infolge der Verteilung — nicht geeignet, die oben aufgeworfene Frage nach der besseren Methode zu beantworten[58]. Es ist vielmehr anzunehmen, daß beide Verfahren zwei heterogene Dinge messen. Aus diesem Grunde aber und wegen der fehlenden Übereinstimmung mit der üblichen Definition der Leistungsmotivation[59] erscheint die weitgehende Gleichsetzung des Strebens nach Einkommensmaximierung mit dem Begriff der Erfolgsmotivierung und des Sicherheitsstrebens mit der Mißerfolgsmotivierung als gewagt[60].

3. Verschärfte Katona-Auswertung

Nachdem sich die beiden geschilderten Verfahren als für unsere Zwecke wenig geeignet erwiesen haben, ist nach einem anderen Auswertungsmodus für die Katona-Frage zu suchen. Dabei sind die unter diesem Paragraphen referierten Erkenntnisse zu berücksichtigen: Die ursprünglich von Katona übernommene Auswertung ist für die hier untersuchte Gruppe nicht eng genug, und die Einkommenshöhe spielt im Rahmen der Leistungsmotivation nicht die vermutete große Rolle. Nach einer Vielzahl von Auszählungen nach verschiedenen Verfahren[61] bietet sich eine Variierung der Katona-Auswertung als Möglichkeit an.

Die Maßstäbe für eine Qualifizierung als „erfolgsorientiert" oder „leistungsorientiert" müssen wesentlich verschärft werden. Entspre-

---

[58] Natürlich kann sie ebenso wenig ein Werturteil über die der angezogenen Diplom-Arbeit zugrundeliegende Auswertungsmethode implizieren, denn Untersuchungen über den Steuerwiderstand und den Berufserfolg gehen von unterschiedlichen Fragestellungen aus.

[59] Vgl. oben, § 2.

[60] Vgl. *Beichelt*, B.: Leistungsmotivation und Steuerwiderstand, a.a.O., S. 11 ff. und S. 21 ff.

[61] Selbst die Bewertung der Berufsmerkmale nach einem gewichteten Punktsystem und der Vergleich derselben mit den TAT-Punktwerten nach der Spearman-Rangreihen-Korrelation führte nicht zu aussagefähigen Ergebnissen.

chend wird als „erfolgs- oder leistungsorientiert“ nur der angesehen, der die Gesichtspunkte E und F (Aufstiegsmöglichkeiten und interessante Tätigkeit) als 1 und 2 einstufte. Alle anderen Einordnungen werden zusammengefaßt zur Alternativgruppe „nicht leistungsorientiert“ (NLO). Das Berufsmerkmal „hohes Einkommen“ wird also nicht mehr als Kriterium der Leistungsorientierung (LO) angesehen[62]. Selbst bei derart scharfen Maßstäben qualifizieren sich 56 % (= 77 Personen) aus der Testgruppe als „leistungsorientiert“.

Mit diesem Auszählungssystem ist schließlich eine Methode gefunden, die bei differenzierter Betrachtungsweise bestimmte Beziehungen zur Leistungsmotivation nach dem TAT erkennen läßt. Von den stark erfolgsmotivierten Studierenden sind 73 % auch leistungsorientiert; entsprechend sind 56 % der schwach erfolgsmotivierten Personen nicht leistungsorientiert. Der korrelative Zusammenhang zwischen hoher HE und der LO ist verhältnismäßig schwach (+ 0.29), aber höchst signifikant ($x^2 = 11{,}44 - p < 1$ — vgl. Tabelle A 5). Keine Beziehung besteht dagegen zwischen der Mißerfolgsmotivierung und unserer NLO nach Katona. Dieses Ergebnis ist verständlich angesichts der heterogenen Gruppe NLO[63].

Da sich die Gesamtmotivation nach TAT aus einer Summation von HE und FM ergibt, ist es einleuchtend, daß die Beziehungen zwischen der Erfolgsmotivierung und der Leistungsorientierung aufgrund der fehlenden Zusammenhänge hinsichtlich der FM innerhalb der Gesamtmotivation nur abgeschwächt zum Vorschein kommen. Eine Beziehung zwischen der GM und der LO bleibt jedoch noch erkennbar vgl. Tab. A 6). 65 % der hoch Leistungsmotivierten (GM) sind auch leistungsorientiert. Die Korrelation ist mit + 0.15 äußerst schwach, erreicht aber noch die erforderliche Signifikanz-Grenze von 10 % ($x^2 = 3{,}06$).

Zusammenfassend bedeuten diese Feststellungen, daß hinsichtlich der vermuteten Beziehungen zwischen der Leistungsmotivation und der Leistungsorientierung die Null-Hypothese verworfen werden muß, d. h., daß die Beziehungen nicht — zumindest nicht in allen Fällen — auf eine Zufallsverteilung zurückgeführt werden können.

---

[62] Dieses Vorgehen scheint zusätzlich gerechtfertigt durch einen weiteren Auswertungsversuch, in dem neben den Merkmalen E und F auch das Merkmal B (hohes Einkommen) als Kriterium für die LO herangezogen wurde. B, E und F mußten als 1, 2 und 3 eingeordnet sein. Alle anderen Bewertungen galten als „nicht zu klassifizieren“. Die auf diese Weise ermittelten Werte (Verteilg.: 59 % LO/41 % nicht zu klass.) ergaben zwar auch einen Sinnzusammenhang. Die Aussagemöglichkeiten waren jedoch wesentlich weniger klar als bei dem nunmehr verwendeten Verfahren.

[63] Es handelt sich um alle Personen, die E und F nicht als 1 und 2 setzen. Eine sinnvolle Aufspaltung dieser Gruppe wurde versucht, führte aber — möglicherweise auf Grund der kleinen Restzahlen — zu keinem Ergebnis.

§ 5 Die Versuchsdurchführung

1. Pretest

Im August 1964 wurde mit 99 Schülern einer Berufs- und Handelsschule ein TAT-Test nach dem ‚Heckhausen'-Verfahren durchgeführt und vollständig ausgewertet[64]. Dabei wurde eine Anregung C. A. Mosers[65] aufgenommen und versucht, in einem Pretest Hinweise auf methodenbedingte Schwierigkeiten und Limitationen zu bekommen. Es konnte u. a. festgestellt werden, daß die durchschnittliche Wortzahl der Phantasie-Geschichten auf die am Schluß des Testes gezeigten Bilder höher war als auf die eingangs gezeigten. Aufgrund dessen wurde — auch im Haupttest — davon abgesehen, die von Reitman und Atkinson vorgeschlagene Pause von 15 Minuten zwischen dem 3. und 4. Bild einzulegen[66].

Gleichzeitig wurde nach Beziehungen zwischen den Größen des ‚Heckhausen'-Verfahrens und Antworten auf leistungs- und berufsbezogene Fragen aus dem MMPI-Test gesucht, die parallel erhoben wurden. Nennenswerte und aussagefähige Korrelationen zwischen beiden Methoden konnten nicht festgestellt werden.

Dieser Test wurde acht Monate später — im April 1965 — mit den gleichen Schülern unter maximal gleichen Bedingungen wiederholt. Nach dieser relativ großen Zeitspanne ergaben sich folgende Selbstkorrelationen für die einzelnen Werte:

HE	FM	NH	GM
0,53	0,56	0,41	0,54 [67]

Solche Ergebnisse weisen hin auf die zuvor erwähnten Schwächen des TAT-Verfahrens im Hinblick auf die Wiederholungszuverlässigkeit. Andererseits sind sie nicht so ungünstig wie in verschiedenen anderen Untersuchungen[68].

---

[64] Vorlage-Bogen für die Phantasiegeschichten s. Anhang, S. 131 ff.; projizierte Bilder s. *Heckhausen*, H.: Hoffnung und Furcht in der Leistungsmotivation, a.a.O., S. 52—57.

[65] *Moser*, C. A.: Survey methods in social investigation, London: Heineman 1958, S. 44.

[66] *Reitman*, W. R. & *Atkinson*, J. W.: Some methodological problems in the use of thematic apperceptive measures of human motives, in: *Atkinson* et al.: Motives in ..., a.a.O., S. 682.

[67] Für alle Koeffizienten gilt: $p < 1$; berechnet nach: Spearman's Rank Order Correlation $p = 1 - \frac{6 \Sigma (d^2)}{n^3 - n}$

Quelle: Yule, G. U. and *Kendall*, M. G.: An introduction to the theory of statistics, London: Griffin 1950, S. 260 f.

[68] Vgl. u. a.: *Heckhausen*, H.: Hoffnung und Furcht in der Leistungsmotivation, a.a.O., S. 76 ff.

2. Haupttest

Der Haupttest, der dieser Arbeit im wesentlichen zugrunde liegt, wurde wie der Vortest als Gruppensitzung durchgeführt[69]. Das geschah im Oktober 1964 im obersten Semester aller deutschen Höheren Wirtschaftsfachschulen (HWF), die im Frühjahr 1965 Studierende entließen[70]. Ausgeschlossen werden mußten wegen andersgearteter Struktur die Kammerschulen (Dortmund, Bochum) und die im Aufbau befindlichen Institute, da diese noch keine Abgangssemester hatten. Es wurden damit alle HWF-Absolventen des Wintersemesters 1964/65 erfaßt, die die Berechtigung zur Führung des Titels „Betriebswirt" (HWF) erwarben (insgesamt 147 Personen — Durchschnittsalter 24,4 Jahre).

Mit einer Ausnahme[71] fanden die Tests an Vormittagen im Rahmen des normalen Lehrbetriebes in den üblichen Räumen anstelle von Vorlesungen statt. Durch dieses Vorgehen im Einvernehmen mit der jeweiligen Institutsleitung wurde die größtmögliche Beteiligung gesichert. Irgendein Druck — und damit verbunden — ein Leistungsanreiz wurde von Dozenten und Direktoren nicht ausgeübt.

Bei der Auswertung der Phantasie-Geschichten der Studierenden der HWF Wilhelmshaven (36 Testteilnehmer) wurde eine räumlich und zeitlich getrennte Beurteilung von einem ‚Heckhausen'-Verfahren geschulten Psychologen der Universität Münster und dem Verfasser vorgenommen. Die Beurteiler-Übereinstimmung[72] ergab im einzelnen die beachtlichen Konkordanzkoeffizienten von:

HE	FM	NH	GM
0,90	0,94	0,83	0,92[73]

[69] Ein solcher Gruppentest besitzt gegenüber der Einzeltest-Technik keine Nachteile. Vgl. dazu: *Lindzey*, G. & *Heinemann*, S. H.: The thematic apperception test: individual and group administration, in: J. Pers., 1955, 24, S. 51.

[70] Es handelt sich dabei um die Höheren Wirtschaftsfachschulen in: Bielefeld, Köln, Mönchengladbach, Siegen und Wilhelmshaven.

[71] In Bielefeld im Anschluß an eine AStA-Sitzung unter sonst gleichen Bedingungen.

[72] Buckner gibt in bezug auf „Leistung" zu bedenken, daß eine hohe Übereinstimmung von mehreren Beurteilern — die als hohe Zuverlässigkeit gewertet wird — auch darauf zurückzuführen sein kann, daß die Fragestellung stark eingeengt wurde. In einem solchen Fall würde die Übereinstimmung für die Validierung nur geringen Wert haben, weil ein zu schmaler Aspekt der „Gesamtleistung" erfaßt wäre. Von einer Einengung der Phantasie kann in unserem Zusammenhang trotz der standardisierten Fragen bei der Abfassung der Geschichten nicht gesprochen werden. Vgl. *Buckner*, D. M.: The predictability of ratings as a function of interrater agreement, J. of appl. Psy., 1959, 43.

[73] Berechnet nach der Formel: $W = \frac{12 \cdot QUSR}{k^2 (n^3 - n)}$

Quelle: Fröhlich, W. D.: Forschungsstatistik, Bonn: Bouvier 1965, S. 89.

Im Juni 1965 — also kurze Zeit nachdem die Studierenden die HWF verlassen hatten — wurde eine schriftliche Nachbefragung durchgeführt. Diese hatte den Zweck, die im Haupttest zum großen Teil noch unbekannten neuen Anschriften möglichst frühzeitig zu sichern und gleichzeitig Antworten auf die Katona-Frage zur Ermittlung der Leistungsorientierung[74] zu erhalten.

138 der ursprünglich getesteten 147 Studierenden sandten den Fragebogen ausgefüllt zurück (= 94 %)[75]. Eine solche überdurchschnittlich hohe Antwortquote ist sicherlich vor allem auf das große Interesse, das die getestete Berufsgruppe allen Untersuchungen über den jungen Schultyp der HWF entgegenbringt, zurückzuführen.

3. Ermittlung des Berufserfolges

In den Monaten Mai/Juni 1966 — also 14 bis 15 Monate nach dem Verlassen der HWF — wurde den jungen Betriebswirten ein weiterer Fragebogen vorgelegt. Dieser hatte den Zweck, Informationen über (I) Ereignisse seit der Durchführung des TAT-Tests im Herbst 1964, (II) die Anfangsposition und (III) die jetzige Tätigkeit einzuholen[76].

Trotz seiner beachtlichen Länge von 34 Fragen wurde unser Fragebogen von 123 der 147 Testpersonen bearbeitet und rechtzeitig zurückgeschickt. Das entspricht einer Antwortquote von 83,5 %. 14 Antworten mußten eliminiert werden, so daß für die Endauswertung grundsätzlich 109 Personen — die aber nicht in allen Fällen sämtliche Fragen beantworteten — verblieben[77]. Weitere Antworten trafen mehrere Monate nach Durchführung der Befragung ein und konnten nicht mehr berücksichtigt werden.

---

[74] Vgl. oben, § 4.

[75] Erst dieses günstige Ergebnis macht einen Vergleich der beiden angeführten Verfahrensweisen möglich. Das Problem, daß sich die „respondents" signifikant von den „non-respondents" unterscheiden können, stellte sich aufgrund dieser Zahlen nicht mehr.

[76] Vgl. Muster des benutzten Fragebogens im Anhang.

[77] 9 Personen erhielten neben dem Prädikat „gut" die Hochschulreife zugesprochen und befanden sich zum Zeitpunkt der Ermittlung des Berufserfolges im Hochschulstudium (weitere 9 Betriebswirte hatten trotz Hochschulreife das Studium nicht aufgenommen und sind deshalb in der Auswertung der Informationen über den Berufserfolg berücksichtigt). — 3 Personen wurden nach dem Abschluß der HWF zur Bundeswehr einberufen und 2 weitere arbeiten zeitweilig im Rahmen des Deutschen Entwicklungsdienstes.

Zweites Kapitel

Die Determinanten der Leistungsmotivation

Die Ergebnisse einer großen Zahl von Untersuchungen in dieser Richtung führen zu dem Fazit Atkinsons, daß diese „present substancial evidence that human motives are not randomly distributed among the various segments of a society"[1]. Wenn das für die amerikanische Gesellschaft gilt, darf man vermuten, daß innerhalb der Gruppe der deutschen HWF-Studenten ähnliche Unterschiede zu finden sind. Ein solcher Nachweis wäre in zumindest zweifacher Weise von Bedeutung.

Sollte sich im III. Kapitel dieser Untersuchung eine Korrelation zwischen schnellem Berufsaufstieg und hoher Leistungsmotivation ergeben, so ist damit noch keine kausale, sondern lediglich eine statistische Beziehung nachgewiesen. C. A. Moser erklärt diesen Tatbestand am Beispiel des Lungenkrebses. Obwohl eine statistisch klare Beziehung zwischen dem Lungenkrebs und dem Rauchen besteht, kann diese Korrelation möglicherweise auf unkontrollierte Variable wie Häufigkeit des Rauchens oder Nervösität zurückzuführen sein[2].

Im Idealfall sollte in unserer Untersuchung „the effect of a dependant variable on the manipulation of an independent variable under controlled conditions"[3] untersucht werden. Eine vollständige „control through measurement"[4] — eine Kontrolle „on all factors except the one of interest"[5] — läßt sich in diesem Falle kaum erreichen. Andererseits ist bei Kenntnis der Variablen, die im III. Kapitel der Untersuchung als störende Faktoren wirksam sein können, eine weitgehende Kontrolle derselben möglich.

Während die Untersuchung der Determinanten der Leistungsmotivation schon aus diesem Grunde notwendig erscheint, wird damit gleichzeitig ein wichtiger Beitrag im Hinblick auf das Kriterium D von Mc-

---

1 *Atkinson* et al.: Motives in ..., a.a.O., S. 435; vgl. entsprechende Aussage bei: *Heckhausen*, H.: Hoffnung und Furcht in der Leistungsmotivation, a.a.O., S. 35 f.

2 *Moser*, C. A.: Survey methods in social investigation, a.a.O., S. 9.

3 *Festinger*, L. & *Katz*, D. (Eds.): Research methods in the behavioural science, London: Staples 1954, S. 40.

4 *Moser*, C. A.: Survey methods in social investigation, a.a.O., S. 9 f.

5 *Greenwood*, E.: Experimental sociology: A study in method, New York: King's Crown 1945.

Clelland (fruchtbare Beziehungen zu anderen Untersuchungen[6]) geleistet[7].

Darüber hinaus ist es von allgemeinem Interesse zu wissen, in welchen Bevölkerungsgruppen eine hohe bzw. niedrige Leistungsmotivation zu erwarten ist und welcher Art dieselbe ist. Das gilt insbesondere dann, wenn ein schneller beruflicher Aufstieg auf die Leistungsmotivation zurückgeführt werden kann.

Bei der Untersuchung der Determinanten der Leistungsmotivation ist eine gewisse Systematisierung notwendig. Diese ergibt sich jedoch keineswegs zwangsläufig, da zwischen den einzelnen Determinanten starke Interdependenzen anzunehmen sind. Es handelt sich also um eine gedankliche Isolierung dieser möglichen Einflußgrößen mit dem Ziel der Verifizierung. Das soll geschehen im Rahmen einer empirischen Feldforschung[8]. Dabei gehört es zu den Vorzügen der empirischen Forschung, „daß sie nicht davor zurückzuschrecken braucht, bestimmte Annahmen zu treffen, obwohl sie sich später als falsch erweisen könnten“[9].

§ 6 Leistungsmotivation und demographische Daten

Es erscheint nicht ökonomisch, alle erfragbaren demographischen Daten zur Untersuchung heranzuziehen. Aus diesem Grunde werden nur die Größen ausgewählt, über deren Zusammenhang mit der Leistungsmotivation in der Fachliteratur Hinweise vorhanden sind oder die Beziehungen vermuten lassen.

1. Geschlechtszugehörigkeit

In diesem Zusammenhang muß zunächst darauf hingewiesen werden, daß der TAT-Test ursprünglich für männliche Testpersonen entwickelt wurde. Veroff et al. stellten fest, daß das gleiche Verfahren unter neutralen Testbedingungen bei weiblichen Personen nicht zu hohen Alters Anwendung finden kann[10]. Trotzdem besteht eine Anzahl testtechnischer Probleme, auf die hier nur am Rande verwiesen werden

---

6 Vgl. oben, § 3.

7 Bei jedem Vergleich mit den Ergebnissen anderer Untersuchungen ist immer zu berücksichtigen, daß die getesteten HWF-Studierenden als Gruppe kein Spiegelbild der Gesamtpopulation darstellen.

8 *Schmölders*, G.: Das Irrationale in der öffentlichen Finanzwirtschaft, a.a.O., S. 152.

9 *Lewin*, K.: Feldtheorie in den Sozialwissenschaften, dt. Übers. Bern: Hans Huber 1963, S. 65.

10 *Veroff*, J., *Wilcox*, S. & *Atkinson*, J. W.: The achievement motive in high school and college age women, J. abn. soc. Psy., 1953, 48, S. 108—119.

kann, z. B. die unterschiedliche Reaktion der Frauen auf veränderte Testsituationen und auf das Geschlecht der Personen im Bild[11].

Aufgrund der Ergebnisse der amerikanischen Motivationsforschung bietet sich die Hypothese an, daß weibliche Testteilnehmer im Durchschnitt stärker leistungsmotiviert sind als männliche[12]. Nur teilweise im Gegensatz dazu stehen die Feststellungen Heckhausens als Ergebnis einer Untersuchung deutscher Schüler und Studenten: „Hinsichtlich der HE haben die weiblichen Gruppen durchweg etwas höhere Werte, die aber alle nicht statistisch bedeutsam über denen der männlichen Gruppen liegen[13].“ Einen bedeutsamen Unterschied stellte Heckhausen dagegen in bezug auf die FM in einer kleinen Gruppe fest. Die Mißerfolgsmotivierung der Studentinnen lag signifikant unter der der Studenten. Daraus folgte eine stärker auf Erfolg tendierende NH der Studentinnen. Seine Feststellungen in bezug auf die Gesamtmotivation sind widersprüchlich[14].

Die Verifizierung einer dieser bedingten Alternativhypothesen ist in unserer Untersuchung schon wegen des kleinen Anteils der weiblichen Testpersonen nicht oder schwer möglich (3,4 % der Gesamtzahl). Darüber hinaus konnten kaum nennenswerte Beziehungen zwischen der Leistungsmotivation und der Geschlechtszugehörigkeit festgestellt werden[15].

In Anbetracht des geringen Anteils der Frauen in unserer Untersuchungsgruppe muß diese Feststellung getroffen werden, obgleich es scheint, als ob die weiblichen HWF-Studierenden stärker mißerfolgs- (FM) und leistungsmotiviert insgesamt (GM) seien, während die Studenten geringfügig höher in der HE zu liegen und häufiger eine positive Grundrichtung der Motivation (+ NH) zu besitzen scheinen.

Wesentlich klarer als die Beziehungen zwischen der Leistungsmotivation und dem Geschlecht ist in der getesteten Gruppe eine solche zwischen der Leistungsorientierung nach Katona und dem Geschlecht

---

[11] Vgl. u. a. *Atkinson, J. W.:* Towards experimental analysis of human motivation in terms of motives, expectancies, and incentives, in: Atkinson et al.: Motives in ..., a.a.O., S. 302 f.; *McClelland* et al.: The achievement, motive, a.a.O., S. 172—181.

[12] *Veroff* et al.: The achievement motive in high school and college age women, a.a.O., S. 108—119.

[13] *Heckhausen,* H.: Hoffnung und Furcht in der Leistungsmotivation, a.a.O., S. 71.

[14] *Heckhausen,* H.: ebenda, S. 71 f. (bes. Tabelle A 2).

[15] Diese allgemeinen Aussagen in bezug auf die Leistungsmotivation basieren auf den Korrelationskoeffizienten-Tabellen (hier Tabelle A 1 im Anhang). Das gilt auch in den Fällen, in denen ein ausdrücklicher Hinweis darauf der Kürze halber fehlt. Korrelative Zusammenhänge sind nur dann in Einzeltabellen dargestellt, wenn relativ gesicherte Feststellungen getroffen werden können.

der HWF-Studierenden. Trotz der ungünstigen Verteilung der Testgruppe auf die beiden Geschlechter wurde ein positiver korrelativer Zusammenhang von 0.19 ($x^2 = 3{,}91$, $p < 5$, vgl. Tabelle A 7) zwischen der LO und der Zugehörigkeit zum männlichen Geschlecht festgestellt. 58 % der Studenten erwiesen sich als leistungsorientiert; dagegen mußten alle Studentinnen als nicht leistungsorientiert eingestuft werden.

Angesichts der im I. Kapitel dargestellten Beziehungen zwischen der Erfolgsmotivierung und der LO [16] erscheint dieses Ergebnis als eine Untermauerung des zuvor gewagten vorsichtigen Hinweises, daß HWF-Studenten geringfügig höher erfolgsmotiviert sind als ihre Kolleginnen.

Mit einer solchen Aussage befinden wir uns trotz aller Vorbehalte in völligem Gegensatz zu den Feststellungen Heckhausens und teilweise zu den in den USA ermittelten Ergebnissen. Eine plausible Erklärung für diesen Tatbestand kann — insbesondere mangels weiblicher Testpersonen — nicht geboten werden. Zu bedenken ist jedoch, daß es sich sowohl bei Heckhausens wie unserer Untersuchung nicht um repräsentative Stichproben handelt. Aus keiner dieser Studien darf auf die Allgemeinheit geschlossen werden.

Zusammenfassend muß wiederholt werden, daß die Ergebnisse dieser Arbeit keine klare Antwort auf die Frage nach den Beziehungen zwischen der Leistungsmotivation und der Geschlechtszugehörigkeit geben können.

2. Altersgruppe

Die Untersuchung der Beziehungen zwischen dem Alter und der LM bzw. LO kann sich innerhalb der HWF-Gruppe zwangsläufig nur auf geringfügige Altersunterschiede stützen. In einer repräsentativen Befragung hätte es sich vermutlich in allen Fällen um die gleiche Altersklasse gehandelt. Entsprechend sind auch keine großen Unterschiede in der Motivation zu erwarten. Heckhausen stellte nicht einmal zwischen altersmäßig wesentlich besser gestreuten Gruppen nennenswerte Unterschiede fest (teilweise Ausnahme in bezug auf die FM)[17]. Andererseits handelt es sich in unserer Untersuchung nicht um eine altersmäßig völlig homogene Gruppe (Streuung vom Geburtsjahrgang 1934 bis 1943), so daß ein Interpretationsversuch gewagt werden kann.

Übereinstimmend mit unserer Annahme wurden alles in allem keine erheblichen Unterschiede festgestellt. Das gilt insbesondere hinsichtlich der Motivart HE sowie in bezug auf die Grundrichtung der Motivation

---

[16] Vgl. oben, § 4.
[17] *Heckhausen*, H.: Hoffnung und Furcht in der Leistungsmotivation, a.a.O., S. 70.

(NH). Schwache Beziehungen ergaben sich — in grundsätzlicher Übereinstimmung mit Heckhausen — bezüglich der FM und äußerst schwache in der GM.

Die Furcht vor Mißerfolg scheint in den jüngeren Jahrgängen stärker verbreitet zu sein als in den älteren. 68 % der 1940 und später geborenen HWF-Studierenden erwiesen sich als hoch in der FM. Dieser Prozentsatz sinkt über 51 % in der mittleren Altersgruppe (Jahrg. 1939/40) auf 47 % in der Gruppe der älteren Studierenden (Jahrg. 1938 u. älter). Die Korrelationskoeffizienten überschreiten dabei in zwei Fällen die 10-%-Signifikanz-Grenze: 1941 u. jünger: 1939/40 = 0.16, $x^2 =$ 2,94, $p < 10$; 1941 u. jünger: 1938 u. älter = 0.19, $x^2 = 3{,}17$, $p < 10$ [18].

Die gleiche Tendenz wie in bezug auf die FM zeigt sich — vermutlich durch letztere bedingt — hinsichtlich der Gesamtmotivation. Allerdings sind die Beziehungen wesentlich weniger deutlich erkennbar. In keinem Fall wird die notwendige statistische Sicherheit von $p < 10$ erreicht. Das Zutreffen der Null-Hypothese kann deshalb im Hinblick auf die GM nicht abgewiesen werden[19].

Während die Ergebnisse hinsichtlich der Beziehungen zwischen der „Hoffnung auf Erfolg" und der Altersgruppenzugehörigkeit widersprüchlich sind, taucht eine schwache Beziehung zwischen der „Leistungsorientierung" und dem Alter auf. Es scheint, als ob jüngere Studierende häufiger „leistungsorientiert" seien als ältere. Aber selbst unter Ausklammerung der mittleren Altersgruppe ergibt sich bei einer Gegenüberstellung der jüngeren und älteren Testteilnehmer nur ein äußerst schwacher positiver Zusammenhang von 0.14 ($x^2 = 1{,}59$) [20].

Grundsätzlich weisen diese Ergebnisse jedoch in die gleiche Richtung wie unsere Feststellungen über den Zusammenhang zwischen der FM und der GM einerseits und der Altersgruppenzugehörigkeit andererseits. Das bedeutet, daß mit zunehmendem Alter — zumindest in der untersuchten Bevölkerungsgruppe — die Mißerfolgsmotivierung und die Gesamtmotivation sowie auch die Leistungsorientierung abzunehmen scheinen.

Bevor man nach Gründen für solche Zusammenhänge sucht, müßten weitere Untersuchungen Aufschluß und Gewißheit über diesen Tatbestand geben. Unsere Aussagen können zunächst nur als Hinweise oder Hypothesen für Arbeiten angesehen werden, die eine altersmäßig besser und insbesondere weiter gestreute Bevölkerungsgruppe untersuchen.

---

[18] Vgl. Tabelle A 8 im Anhang.
[19] Vgl. Tabelle A 9 im Anhang.
[20] Vgl. Koeffizienten Zusammenstellung zur Leistungsorientierung, Tab. A 4.

3. Familienstand[21]

Zwei alternative Arbeitshypothesen bieten sich in diesem Zusammenhang an. Man kann einerseits annehmen, daß Studierende einer Fachschule (Durchschnittsalter 24,4 Jahre), die bereits verheiratet sind, einen solchen Schritt nur auf der Grundlage einer hohen Leistungsmotivation bzw. -orientierung wagen konnten. Andererseits könnte ein solches Tun gesehen werden als eine Belastung der beruflichen Zukunft, die eher mit niedriger LM und LO einhergeht.

Keine der Alternativhypothesen findet durch unsere empirischen Ergebnisse Unterstützung. Vielmehr sind so gut wie keine Unterschiede in der LM und LO zwischen den Verheirateten und Ledigen an der HWF festzustellen. Diese Aussage behält sogar dann Gültigkeit, wenn innerhalb der Gruppe der Verheirateten die Zahl der Kinder in die Untersuchung einbezogen wird.

§ 7 Leistungsmotivation und sozio-ökonomische Daten

Der Mensch wird als soziales Wesen in eine Anzahl kleinerer und größerer Gruppen sowie in eine ganz bestimmte Umweltsituation hineingeboren. In gleichem Maße wie durch diese Tatsache sein späteres Verhalten normiert werden kann, dürfte durch seine und seiner Eltern Gruppenzugehörigkeit über die frühzeitige Internalisierung bestimmter Rollen- und Statuserwartungen seine Motivation beeinflußt werden[22]. Bei dem Versuch, diese Einflußgrößen festzustellen, soll trotz starker Interdependenzen der Übersichtlichkeit halber unterschieden werden zwischen sozio-ökonomischen und sozio-kulturellen Faktoren.

Da sich alle Testpersonen zum Zeitpunkt der Befragung noch im Studium befanden, mußten zur Bestimmung der sozio-ökonomischen Situation ausschließlich Informationen über die Eltern herangezogen werden. Dabei schienen der Beruf, das Einkommen und die im wesentlichen daraus resultierende soziale Stellung des Familienvorstandes von besonderer Bedeutung zu sein.

1. Der Beruf des Vaters

Entsprechend der in Amerika häufig getroffenen Feststellung, daß Wirtschaftsmanager, Selbständige und leitende Personen in unterneh-

---

21 Der Familienstand wurde vor allem aus Gründen der Gliederungssystematik den demogr. Merkmalen zugeordnet. Mit gleichem Recht könnte derselbe als sozio-kulturelles oder gar sozio-ökonomisches Merkmal angesehen werden.

22 Vgl. *Parsons/Shils* (Eds.): Towards a general theory of action, Cambridge/Mass.: Harvard Univ. Press 1952, S. 240 und S. 191.

merischen Berufen in stärkerem Maße erfolgs- und hochmotiviert sind[23], ist mit einigem Grund zu erwarten, daß die Söhne und Töchter dieser Berufsgruppe aufgrund früher Kindheitserlebnisse ein ähnlich geartetes günstiges Motivationsbild besitzen und daß sie stark leistungsorientiert sind.

Innerhalb der deutschen HWF konnte auch diese Annahme weder bestätigt noch widerlegt werden. Es wurden nur sehr geringfügige und häufig widersprüchliche Beziehungen zwischen der Motivation der Studierenden und dem Beruf der Väter festgestellt. Alles in allem scheinen die Kinder von Angestellten und Rentnern/Pensionären ein günstigeres Motivationsbild zu besitzen als die Kinder von Arbeitern und Selbständigen (vgl. Tabelle A 1). Die Gruppe der Angestelltenkinder liegt am höchsten in der HE und GM, während Arbeiterkinder stärker mißerfolgsmotiviert zu sein scheinen und dadurch überwiegend eine negative Grundrichtung der Leistungsmotivation aufweisen. Außerdem bilden die Arbeiterkinder die unterste Gruppe in der Gesamtmotivation[24]. Äußerst schwache Korrelationskoeffizienten in der Gesamtauswertung gestatten keine weitergehenden Aussagen.

Die Analyse der Extremwerte in der Leistungsmotivation (sehr hohe gegenüber sehr niedrigen Punktzahlen bei Eliminierung der breitgefaßten Mittelgruppe) läßt das ungünstige Abschneiden der Arbeiterkinder in bezug auf die Erfolgsmotivierung noch deutlicher hervortreten, während die Gruppe der Selbständigen in diesem Zusammenhang günstiger abschneidet. Kein Arbeiterkind konnte als extrem hoch erfolgsmotiviert eingestuft werden; bei den Rentner-/Pensionärskindern dagegen sind es 86 % der extrem (hoch oder niedrig) Motivierten. Der sich ergebende korrelative Zusammenhang ist mit 0.57 ($x^2 = 3{,}25$) beachtlich klar, jedoch liegt die Signifikanz wegen der geringen Anzahl nur bei $p < 10$[25].

Kompliziert wird das Bild aber durch das wesentlich günstigere Abschneiden der Arbeiterkinder im Zusammenhang mit der Leistungsorientierung. Wie Tabelle A 11 zeigt, qualifizierten sich 75 % der Ar-

---

[23] Vgl. u. a.: *Crockett*, H. J.: The achievement motive and different occupational mobility, in: Am. soc. Rev., XXVII, 1962, S. 191—204; *David, Brazer, Morgan, Cohen:* Educational achievement — its causes and effects, Survey Research Center, Ann Arbor/Mich., Oct. 1961, Monograph 23; *McClelland,* D. C.: The achieving society, a.a.O., S. 243; *Morgan,* J. N.: The achievement motive and economic behavior, Reprint from: Econ. Development and Cultural Change, Vol. XII, 3 April 1964.

[24] Vgl. auch: *Davis,* A.: The motivation of the underprivileged worker, in: Whyte, W. F. (Ed.): Industry and society, Chicago: Univ. of Chicago Press, 1946, S. 84—106.

[25] Vgl. Tabelle A 10 und Zusammenstellung der Extremwerte in Tabelle A 3.

beiterkinder als LO; das ist ein höherer Prozentsatz als in allen anderen Berufsgruppen.

Ein solcher scheinbarer Widerspruch weist hin auf das im I. Kapitel Gesagte[26]. Zusammenfassend muß festgestellt werden, daß die Beziehungen zwischen der Leistungsmotivation des Studierenden und der Berufszugehörigkeit des Vaters genauerer Untersuchung bedürfen. Auf keinen Fall kann aus den hier getroffenen Aussagen auf die Allgemeinheit in Deutschland geschlossen werden[27].

2. Einkommen des Familienvorstandes

Die Einkommenshöhe des Familienvorstandes — in der Regel des Vaters — dürfte in nicht unerheblichem Maße abhängig sein von seiner Leistungsmotivation und Leistungsorientierung. Das Motivationsbild des Kindes wiederum sollte durch die Motivation und das Einkommen der Eltern nicht unbeeinflußt bleiben. Dabei müßte man annehmen dürfen, daß die mit einem hohen Einkommen verbundenen Annehmlichkeiten dem Kind und Jugendlichen als ein deutlich sichtbarer Leistungsanreiz dienen. Entsprechend sollten Kinder hochverdienender Eltern überdurchschnittlich leistungsmotiviert und -orientiert sein[28]. Andererseits läßt sich die Hypothese aufstellen, daß die Kinder aus der unteren Einkommensschicht in einer einkommensorientierten Gesellschaft wie der bundesdeutschen durch dauernde Konfrontierung mit dem allgemeinen Wohlstand einen besonderen Leistungsanreiz verspüren, während das Leben im Wohlstand Trägheit im Leistungswillen zur Folge haben könnte.

---

[26] Die über die Katona-Frage ermittelte Leistungsorientierung ist weiter gefaßt als die mittels Phantasie-Beurteilung erhobene Leistungsmotivation (vgl. § 4). In die LO fließen zumindest bestimmte Handlungsabsichten mit ein. Die trotzdem zwischen der Erfolgsmotivierung und der Leistungsorientierung ermittelten Beziehungen sind schwach, aufgrund der relativ großen Zahl jedoch höchst signifikant (vgl. § 4). Wenn sich Arbeiterkinder relativ selten als erfolgsmotiviert, dagegen häufig als leistungsorientiert erweisen, muß in diesem Fall der zuvor erwähnte korrelative Zusammenhang durch andere Faktoren überlagert werden. Es ginge über das Ziel dieser Untersuchung hinaus, solche Einflußgrößen im einzelnen nachweisen zu wollen.

[27] In einer repräsentativen Untersuchung müßte vor allem die Frage der Grundgesamtheiten beachtet werden. Die HWF als eine Institution des zweiten Bildungsweges auf kaufmännischem Sektor kann grundsätzlich nicht bzw. noch nicht als eine adäquate oder gar typische Bildungseinrichtung für die Söhne Selbständiger und Arbeiterkinder angesehen werden. Während die Arbeiterkinder auf der HWF eher eine Auswahl Motivierter (aus dieser Berufsgruppe) sein sollten, darf man für die Kinder Selbständiger mit großer Wahrscheinlichkeit das Gegenteil annehmen; der Normalfall dürfte für sie der erste Bildungsweg sein.

[28] Vgl. entsprechende Feststellung bei *David*, et al., a.a.O., S. 46; *Heckhausen*, H.: Leistungsmotivation, Lebensentwurf und sozialer Status, a.a.O., S. 9.

Um den Wahrheitsgehalt dieser Hypothesen zu testen, wurden in Anlehnung an das Statistische Jahrbuch der BRD drei Einkommensklassen gebildet:

bis brutto DM 699,— .... = untere Einkommensklasse
DM 700,— — DM 1 249,— .... = mittlere Einkommensklasse
DM 1 250,— und höher .... = obere Einkommensklasse[29].

Keine unserer Hypothesen wird durch diese Untersuchung bestätigt. Vielmehr muß ein Zutreffen der Null-Hypothese angenommen werden, d. h., bei den Motivationsunterschieden innerhalb der Einkommensgruppen kann nicht ausgeschlossen werden, daß es sich um eine Zufallsverteilung handelt. Eine Beziehung zwischen dem Einkommen des Vaters und der Motivation des HWF-Studierenden ist nicht nachweisbar, obwohl das etwas bessere Abschneiden der unteren Einkommensklasse gegenüber der mittleren und oberen in die Richtung der zweiten Hypothese weist[30].

Verstärkt wird diese Tendenz durch die Auswertung der Katona-Frage. Die Kinder der einkommensmäßigen Oberklasse erweisen sich seltener als leistungsorientiert als die der beiden anderen Einkommensgruppen[31].

Das Fehlen einer klar erkennbaren Beziehung zwischen der LM und der LO des Studenten und der Höhe des väterlichen Einkommens ließe sich theoretisch noch auf eine fehlerhafte Abgrenzung der Einkommensklassen zurückführen. Entsprechende Umstellungen führten zu keinem Erfolg, so daß trotz andersartiger Aufspaltung das Bild weitgehender Homogenität erhalten blieb.

3. Sozialstatus der Eltern

In einer Vielzahl von Untersuchungen wurde in den Vereinigten Staaten festgestellt, daß die mittlere Sozialschicht die vergleichsweise höchste Leistungsmotivation besitzt[32]. Heckhausen glaubt, gleiches für

29 *Statistisches Jahrbuch* für die BRD 1963, Stat. Bundesamt Wiesbaden, S. 502 ff. Diese Einkommensklassen entsprechen in ihren Proportionen nicht ganz der Einkommensverteilung der deutschen Bevölkerung. Aufgrund der Feststellung, daß die Studierenden der HWF in der Mehrzahl überdurchschnittlich (gemessen am Bundesdurchschnitt), aber nicht sehr hoch verdienenden Familien entstammen, war es erforderlich, höhere Einkommensgrenzen festzulegen, um in etwa gleich große Zahlen zu erhalten.

30 Vgl. Zusammenstellung in Tabelle A 1.

31 Vgl. Zusammenstellung in Tabelle A 4.

32 Vgl. u. a.: *Douvan*, E.: Social status and success strivings, J. abn. soc. Psy., 1956, 52, S. 219—223; *McArthur*, Ch.: Personality differences between middle and upper classes, J. abn. soc. Psy., 1955, 50, S. 247—254; *Morgan*, J. N.: The achievement motive and economic behavior, a.a.O.; *Morgan* et al.: Income and welfare in the USA, a.a.O., S. 56 ff.; *Rosen*, B. C.: The achievement syndrome: A psychocultural dimension of social stratification, in: Atkinson at al.: Motives in ..., a.a.O., S. 496 ff.; *Knapp*, R. H.: Need achievement

alle westlichen Industrienationen unterstellen zu können[33]. Im Gegensatz dazu stehen die Ergebnisse einzelner amerikanischer und deutscher Untersuchungen, nach denen — vorwiegend bedingt durch den Wertkonflikt Elternhaus : Schule — die untere Sozialschicht besonders auf Leistung bedacht sein soll[34]. Diese Feststellungen sollen als Arbeitshypothese für unsere Untersuchungen unter den deutschen HWF-Studierenden dienen.

Bei der Bestimmung der sozialen Position der Eltern wurde im wesentlichen die von Horwitz und Smith entwickelte Skala zugrundegelegt[35]. Dieses äußerst einfache Klassifizierungs-System nach nur drei Merkmalen — Vorhandensein oder Fehlen von: Auto, Telefon, zumindest teilweiser College-Erziehung — wurde in Anlehnung an die Anregungen von Rosen und Reissman[36] erweitert und verfeinert, obwohl noch eine Reihe von Fragen offen bleiben. Ebenfalls drei Merkmale werden danach herangezogen: 1. Besitzstand, 2. Einkommenshöhe, 3. Ausbildungsgrad. Jedes dieser Merkmale ist mittels einer Punktskala von eins bis fünf zu bewerten. Die durch Addition der drei Merkmalswerte ermittelte Gesamtpunktzahl erlaubt sodann eine Einstufung in ein unteres (1 bis 5), mittleres (6 bis 10) und oberes Drittel (11 bis 15 Punkte) der Sozialschichtung[37].

---

and aesthetic preference, a.a.O., S. 372; *McClelland,* D. C.: The achieving society, a.a.O., S. 336; *McClelland,* D. C.: The use of measures of human motivation in the study of society, a.a.O., S. 520; *Ericson,* M. C.: Social status and child rearing practices in: Newcomb, T. M. & Hartley, E. L. (Eds.): Reading in social psychology, NY: Holt 1947, S. 494—501.

[33] *Heckhausen,* H.: Leistungsmotivation, Lebenserwartung, sozialer Status, a.a.O., S. 5 f.

[34] Vgl. u. a.: *Sewell,* W. H. & *Holler,* H. O.: Factors in the relationship between social status and the personality adjustment of the child, in: Am. soc. Rev., 1959/4, S. 24; *Korn,* Sigrid: Soziale Einflüsse auf die Bildung des Anspruchsniveaus, Dissertation Saarbrücken, 1959.

[35] *Horwitz,* H. & *Smith,* E.: The interchangeability of socio-economic indices, in: Lazarsfeld, P. F. & Rosenberg, M. (Eds.): The language of social research, Glencoe/Ill.: The Free Press 1957, S. 74.

[36] *Rosen,* B. C.: The achievement syndrome, a.a.O., S. 497; *Reissman,* L.: Levels of aspiration and social class, in: Am. soc. Rev., 1953, 18, S. 233—242.

[37] Besitzstand (je 1 Punkt): 1. Kühschrank/Waschmaschine, 2. Fersehen, 3. Telefon, 4. Auto, 5. Haus.

Einkommen:	DM 0— 599	= 1 Punkt
	DM 600— 799	= 2 Punkte
	DM 800—1 099	= 3 Punkte
	DM 1 100—1 499	= 4 Punkte
	DM 1 500 und darüber	= 5 Punkte.
Schulabschluß:	Volksschule	= 1 Punkt
	Mittel-/Realschule	= 2 Punkte
	Oberschule/Gymnasium	= 3 Punkte
	Höhere Fachschule	= 4 Punkte
	Hochschule	= 5 Punkte.

Obwohl unsere empirischen Ergebnisse keine der aufgestellten Vermutungen über den Einfluß des Sozialstatus der Eltern auf die Motivation der Studierenden widerlegen, ist eine klare Aussage in Anbetracht der Koeffizienten nicht möglich. Die der oberen Sozialschicht entstammenden HWF-Studenten scheinen — in grundsätzlicher Übereinstimmung mit unseren Annahmen — in geringerem Maße erfolgsmotiviert zu sein und besitzen seltener eine positive Grundrichtung der Motivation im Vergleich zur Mittel- und Unterschicht. Die Studierenden der sozialen Unterschicht scheinen stärker mißerfolgsmotiviert zu sein und liegen dadurch am höchsten in der Gesamtmotivation. In keinem Fall jedoch erreichen die Korrelations-Koeffizienten eine sinnvolle Signifikanz-Grenze[38].

Eine parallele Aussage muß getroffen werden in bezug auf die Leistungsorientierung. Die Zusammenstellung in Tabelle A 4 erweckt den Eindruck, als ob die Angehörigen der mittleren und besonders der unteren Sozialschicht geringfügig stärker leistungsorientiert seien.

Solche andeutungsweisen Feststellungen dürfen nicht verallgemeinert werden. Angehörige der oberen Sozialschicht sind mit Sicherheit auf der HWF unterproportional vertreten und dürften zusätzlich eher eine negative Auslese — auch in bezug auf die Leistungsmotivation — bilden. Eine solche Überlegung läßt die empirischen Ergebnisse beinahe plausibel erscheinen.

§ 8 Leistungsmotivation und sozio-kulturelle Faktoren

Eine Vielzahl von Einflußmöglichkeiten dieser Art auf die Leistungsmotivation und Leistungsorientierung ist vorstellbar. Im Gegensatz zu verschiedenen Untersuchungen in den USA, in denen alle denkbaren Faktoren von ethnologischen bis zu klimatischen untersucht werden[39], können hier im Rahmen einer wirtschaftswissenschaftlichen Arbeit nur wenige wesentlich erscheinende Faktoren auf ihre Beziehung zur Leistungsmotivation hin analysiert werden: Flüchtlingsstatus, Waisenstatus, Konfessionszugehörigkeit, Wohnortgröße und regionale Herkunft.

1. Flüchtlingsstatus

Es handelt sich in diesem Zusammenhang um ein in starkem Maße deutsches Problem, für das in der amerikanischen Motivationsforschung

[38] Vgl. Tabelle A 1. Diese schwachen Koeffizienten decken sich weitgehend mit den Ergebnissen des Vortests (vgl. oben, § 5).
Fortsetzung: Vgl. ähnliche Teste in den USA in bezug auf den „level of aspiration", bei: *Warner*, W. L. & *Lunt*, P. S.: The status system of a modern community, New Haven: Yale 1942, S. 28.

[39] Vgl. Darstellung bei: *Du Bois*, C.: Anthropology: Its present interests, in: *Berelson*, B. (Ed.): The behavioral sciences today, a.a.O., S. 29 f.

allerdings Parallelen zu sehen sind in den Gruppen der relativ spät Eingewanderten. Wenn sich diese Bevölkerungsgruppen in den USA als überdurchschnittlich hoch leistungsmotiviert erwiesen haben[40], dann liegt die Vermutung nahe, daß deutsche Flüchtlinge ähnlich günstig motiviert sind. Phänomenologisch läßt sich eine solche Hypothese begründen aus der Tatsache, daß die heutigen HWF-Betriebswirte aus dem Osten großenteils während ihrer Kindheit und frühen Jugend einem erheblichen Druck ausgesetzt waren, der zu einer aktiven Auseinandersetzung mit der Umwelt anreizen sollte.

Aber auch diese Hypothese findet in unserer Untersuchung keine empirische Fundierung und muß in bezug auf die untersuchte Gruppe als falsifiziert angesehen werden. Zwischen Flüchtlingen und Nichtflüchtlingen bestehen weder Motivationsunterschiede noch Unterschiede in der Leistungsorientierung[41].

2. Waisenstatus

Auch in diesem Zusammenhang sollen Forschungsergebnisse aus den Vereinigten Staaten als Arbeitshypothese dienen. Mehrfach wurde dort festgestellt, daß Kinder, die in vollständigen Familien aufwuchsen, eine höhere Leistungsmotivation besitzen[42]. Ebenso gut ist aber parallel zu den Überlegungen in bezug auf den Flüchtlingsstatus vorstellbar, daß Waisen aufgrund der Notwendigkeit früher Selbständigkeit eine höhere LM und LO besitzen.

Beide Alternativ-Annahmen müssen nach den vorliegenden Ergebnissen für Deutschland — zumindest für die untersuchte Bevölkerungsgruppe — als widerlegt angesehen werden. Waisen unterscheiden sich in der Leistungsmotivation und Leistungsorientierung nicht nennenswert von Nichtwaisen[43]. Lediglich die Gegenüberstellung der extrem hoch und der extrem niedrig Motivierten erweckt den Eindruck, als ob Waisen häufiger erfolgs- und seltener mißerfolgsmotiviert seien (vgl. Tabellen A 12 und A 13). Das kann jedoch nicht als wesentliche Stützung oder gar Bestätigung der zweiten Hypothese angesehen werden.

3. Konfessionszugehörigkeit

Nur wenige Gebiete wurden innerhalb der Motivationsforschung häufiger bearbeitet als das des Einflusses der Konfessionszugehörigkeit.

---

40 Vgl. *Morgan* et al.: Income and welfare in the USA, a.a.O., S. 360.
41 Vgl. Tabelle A 2 im Anhang.
42 Vgl. Zusammenfassung bei: *Heckhausen*, H.: Leistungsmotivation, Lebensentwurf und sozialer Status, a.a.O., S. 6.
43 Vgl. Tabelle A 2 im Anhang.

Dabei ging man ursprünglich aus von der These *Max Webers,* daß der frühindustrielle Kapitalismus auf dem Nährboden einer protestantischen Ethik gewachsen sei und seinen Aufschwung genommen habe[44]. Insbesondere McClelland suchte nach einem positiven Zusammenhang zwischen der calwinistischen Gegenwartsorientierung — letztlich aufgrund der Prädestinationslehre — und der Leistungsmotivation[45]. Mehrfach glaubten amerikanische Forscher, eine solche Beziehung in den USA nachgewiesen zu haben[46]. Entsprechende Aussagen in bezug auf das Wirtschaftsverhalten finden sich auch in der deutschen Literatur[47].

Neuere Forschungsergebnisse aus den Vereinigten Staaten zeigen jedoch, daß eine besonders stark ausgeprägte LM vor allem in der jüdischen, dann aber schon in der katholischen Bevölkerung zu finden ist. Anscheinend spielt dabei die Tatsache der Konfessionszugehörigkeit eine geringere Rolle als die Zugehörigkeit zu einer der Minderheiten-Gruppen, bei denen die Leistungsmotivation durch eine angespannte Wirtschaftslage besonders angeregt sein soll[48].

In Deutschland sollte man angesichts des vielzitierten Bildungsdefizits der Katholiken und der Tatsache unterproportionaler Besetzung wichtiger Funktionen durch Katholiken — gegenwärtig stellt nur der politische Sektor eine Ausnahme dar — unter Protestanten eine höhere Leistungsmotivation und Leistungsorientierung vermuten als unter Katholiken[49].

Diese Annahme wird gestützt durch die Ergebnisse der TAT-Auswertung. Protestantische Studenten scheinen geringfügig stärker sowohl

---

44 *Heckhausen,* H.: Leistungsmotivation, Lebensentwurf und sozialer Status, a.a.O., S. 6.

45 *McClelland,* D. C.: The achieving society, a.a.O., S. 364 ff.

46 *Knapp,* R. H.: Need achievement and aesthetic preference, in: Atkinson et al.: Motives in ..., a.a.O., S. 372; *Mayer,* A. J. & *Sharp,* H.: Religious preference and wordly success, in: Am. soc. Rev., 1962, S. 227 f.; vgl. auch Zusammenfassung bei: *Heckhausen,* H.: Leistungsmotivation, a.a.O., S. 619 f.; *Morgan,* J. N.: The achievement motive and economic behavior, a.a.O., S. 247 bis 253; *Rosen,* B. C.: Race, ethnicity and the achievement syndrome, Am. soc. Rev., XXIV, 1959, S. 47—60; *Veroff,* J. & *Feld,* S.: Achievement motivation and religion, in: Am. soc. Rev., 1962, S. 205 f.

47 Vgl. u. a.: *Müller-Armack,* A.: Genealogie der Wirtschaftsstile, Stuttgart 1941, S. 44 ff.; *Hofstätter,* P. R.: Einführung in die Sozialpsychologie, Stuttgart 1959: Kröners Taschenausgabe, Bd. 295, S. 39 ff.

48 Vgl. Zusammenfassung bei: *Heckhausen,* H.: Leistungsmotivation, Lebensentwurf und sozialer Status, a.a.O., S. 6.

49 *Zapf,* Wolfgang: Wandlungen der deutschen Elite, Studien zur Soziologie 2, München: Pieper 1965, S. 174 ff.; *Scheuch,* E. K.: Führungsgruppen und Demokratie in Deutschland, in: „die neue gesellschaft", Heft 5/1966, Bielefeld, S. 360.

erfolgs- wie mißerfolgsmotiviert zu sein und liegen entsprechend höher als Katholiken in der Gesamtmotivation[50].

Wie Tabelle A 14 zeigt, sind 51 % der evangelischen gegenüber 39 % der katholischen Studierenden erfolgsmotiviert. Bei der Motivart FM ist der Unterschied mit 60 % zu 42 % (vgl. Tabelle A 15) etwas deutlicher, während er in bezug auf die Gesamtmotivation wieder auf 57 % zu 42 % absinkt (vgl. Tab. A 16). Lediglich der Koeffizient von 0.15 für die FM erreicht beinahe die 10 %-Signifikanzgrenze. Bei den extrem Motivierten wird auch hinsichtlich der HE eine äußerst schwache Korrelation von 0.15 erreicht[51].

Eine schwache Beziehung zwischen der Konfessionszugehörigkeit und der Leistungsmotivation scheint in der untersuchten Gruppe vorzuliegen, wobei im Gegensatz zu den jüngsten Feststellungen in den Vereinigten Staaten die Protestanten das günstigere Motivationsbild aufweisen. Grundsätzliche Übereinstimmung mit der neueren amerikanischen Forschung besteht jedoch insofern, als die Beziehungen zwischen Konfession und LM nur sehr schwach sind[52]. In bezug auf die Leistungsorientierung konnte zwischen beiden Konfessionen kein Unterschied festgestellt werden.

4. Wohnortgröße

Die Annahme, daß Leistungsmotivation und Leistungsorientierung in Deutschland abhängig sein könnten von der Einwohnerzahl des jeweiligen Heimatortes, drängt sich auf durch entsprechende Untersuchungsergebnisse in den USA. Es wurde dort festgestellt, daß das sozio-kulturelle Merkmal „Ortsgröße" dergestalt zur LM in Beziehung steht, daß Personen aus kleinstädtischen oder ländlichen Wohnorten in höherem Maße leistungsmotiviert sind als Großstädter[53]. Obgleich kein direkter Bezug zur LM besteht, könnte man die Feststellung, daß die deutsche Führungsschicht der Herkunft nach urbanisierter ist als die Bevölkerung Deutschlands insgesamt[54], als eine Alternativ-Hypothese ansehen.

---

[50] Vgl. Tabelle A 2 im Anhang. Größer als der Unterschied in der Motivation ist ein solcher im Anteil beider Konfessionen unter den HWF-Studierenden. 31 % der Studierenden bezeichneten sich als „katholisch" und 66 % als „evangelisch". Die restlichen 3 % sind als konfessionslos anzusehen.

[51] Vgl. Tabelle A 3 im Anhang.

[52] Entsprechende Zusammenfassung bei: *Heckhausen*, H.: Leistungsmotivation, a.a.O., S. 620; *Knapp*, R. H.: Need achievement and aestetic preference, a.a.O., S. 372.

[53] Vgl. *Heckhausen*, H.: Leistungsmotivation, Lebensentwurf und sozialer Status, a.a.O., S. 6.

[54] *Scheuch*, E. K.: Führungsgruppen und Demokratie in Deutschland, a.a.O., S. 361.

Um unsere Annahmen zu überprüfen, wurde die Testgruppe nach drei Ortsklassen aufgespalten:

unter 10 000 Einwohner
10 000—100 000 Einwohner
100 000 und mehr Einwohner

Danach steht die LM in einer sehr schwachen, in keinem Falle signifikanten Beziehung zur Ortsgröße. Die Erfolgsmotivierung und auch die Gesamtmotivation sind geringfügig höher bei Testpersonen aus kleinen gegenüber Personen aus mittleren und großen Wohnorten. HWF-Betriebswirte aus Mittelstädten erwiesen sich wiederum leicht höher erfolgsmotiviert und höher in der GM als solche aus Großstädten. Parallel hierzu ist die Grundrichtung der LM unter Testteilnehmern aus kleineren Orten häufiger positiv (+ NH). Hinsichtlich der Motivart FM gestatten die empirischen Unterlagen keine Aussage[55].

Gestützt wird dieser Hinweis hinsichtlich der HE und GM durch die empirischen Feststellungen zur Leistungsorientierung. Nach Tabelle A 17 sind 65 % der Studenten aus Dörfern und Kleinstädten leistungsorientiert. Dieser Wert sinkt über 58 % bei Mittelstädtern auf 39 % unter Großstädtern. Trotz dieser relativ deutlichen Unterschiede ist die Korrelation nur schwach. Sie ist lediglich bei der Gegenüberstellung „kleiner Orte“ : „Großstädte“ mit 0.25 signifikant ($p < 5 - x^2 = 5{,}38$).

Die Auswertung des empirischen Zahlenmaterials scheint im wesentlichen unsere Vermutungen zu bestätigen, obwohl die Null-Hypothese in bezug auf die LM wegen der niedrigen Korrelations-Koeffizienten nicht unbedingt abgewiesen werden kann. Studierende aus kleinstädtischen oder ländlichen Wohnorten sind häufiger leistungsorientiert, anscheinend häufiger erfolgsmotiviert und leistungsmotiviert überhaupt. Ihre Motivationsrichtung ist eher positiv als die der Mittel- und Großstädter.

Die Erklärung für solche Unterschiede entsprechend der Wohnortgröße dürfte vorwiegend — wie schon im Zusammenhang mit den sozio-ökonomischen Daten — in den unterschiedlichen Grundgesamtheiten liegen[56].

---

[55] Vgl. Tabelle A 2 im Anhang.

[56] Die Zahl derer, die als mögliche HWF-Studierende in Betracht kommen, sollte aufgrund der allgemeinen Bildungs- und Ausbildungssituation in den Bereichen der Klein- und Mittelstädte erheblich größer sein. Diese Annahme wird gestützt durch die numerische Verteilung der HWF-Studierenden auf die drei Ortsklassen (vgl. dazu Tabelle A 17). Obwohl sich bis auf die HWF Siegen alle untersuchten Institute in Großstädten befinden, überwiegen Studenten aus Dörfern, Klein- und Mittelstädten.

Solche Feststellungen stehen im Gegensatz zu den Ergebnissen vergleichbarer Untersuchungen in der Schweiz. Dort wurden ein mit der Ortsgröße ansteigender Anteil Studierender und parallel dazu ein ansteigendes Intelli-

5. Geographische Herkunft

Es ist an dieser Stelle nicht möglich, die Ergebnisse all der Untersuchungen als Arbeitshypothesen anzuführen, die sich mit diesem Faktor auseinandersetzen[57]. Wenn häufiger Motivationsunterschiede entsprechend der geographischen Herkunft festgestellt wurden, so handelt es sich dabei immer um Nationenvergleiche oder um geographisch heterogene Gebiete wie die Vereinigten Staaten[58]. Fraglich erscheint, ob auf dem engen Raum der Bundesrepublik Deutschland und angesichts der durch Mobilität gekennzeichneten deutschen Gesellschaftsstruktur Unterschiede in der Leistungsmotivation und Leistungsorientierung aufgrund geographischer Faktoren überhaupt gedanklich konstruiert werden können.

Entsprechend müßte unsere Hypothese dahingehend lauten, daß in Deutschland anders als in amerikanischen Untersuchungen solche Beziehungen nicht festzustellen sein sollten. Eine Gegenhypothese wird angeboten durch die Untersuchungen Eulenbergs über die Herkunft der Wirtschaftsführer: „Nordwestdeutschland erscheint in der Gegenwart als das Hauptreservoir tüchtiger deutscher Wirtschaftspersönlichkeiten ... Ganz Süd- und Ostdeutschland bleibt unter dem Durchschnitt[59]."

Zum Zwecke der Verifizierung bzw. Falsifizierung dieser Hypothesen wurden die HWF-Studierenden zunächst nach der regionalen Herkunft in drei Zellen gegliedert: Nord, West, Süd. Die Region Nord wurde als identisch mit den Staatsgrenzen der vier Küstenländer angesehen. Die Region West umfaßt das Land NRW und die nördlichen Teile der Länder Rheinland-Pfalz und Hessen. Alle südlicher liegenden Gebiete wurden als Region Süd verstanden. Eine schärfere Grenzziehung zwischen

---

genzniveau emittelt. Vgl. *Meili*, R.: Untersuchungen über das Intelligenzniveau von Schweizer Kindern, Sondernummer des Mitteilungsblattes „Nachwuchsförderung", Schweizerische Vereinigung für die Förderung des beruflichen und wissenschaftlichen Nachwuchses, Nr. 6, 1964.

57 Vgl. besonders: *McClelland*, D. C.: The achieving society, a.a.O., S. 63 ff. *McClelland*, D. C.: The use measures of human motivation, in: Atkinson et al.: Motives in ..., a.a.O., S. 522 ff.; *Knapp*, R. H.: Need achievement and aesthetic preference, a.a.O., S. 372; *Mitchel*, W.: Delay of gratification on need for achievement and acquiescence in an other culture, in: J. abn. soc. Psy., 1961, 62, S. 551; *Biäsch*, H. & *von Tobel*, J.: Beiträge zur Talentforschung, eine Studie über die Studenten der ETH: Bern/Stuttgart 1966, S. 29 f.

58 Eine Überprüfung der Feststellung McClellands, daß deutsche Jungen eine geringere LM besitzen als amerikanische, ist durch die vorliegende Arbeit nicht möglich, da die untersuchte Gruppe nicht als repräsentativ angesehen werden kann.

Vgl. *McClelland*, D. C.: The use of measures of human motivation in the study of society, a.a.O., S. 520.

59 *Eulenberg*, Franz: Die Herkunft der deutschen Wirtschaftsführer, in: Schmollers Jahrbuch, L XXIV (1954), S. 88.

West und Süd war in diesem Falle nicht erforderlich, weil keine Grenzfälle vorlagen.

Im Gegensatz zu unserer ersten theoretischen Annahme wurden unter den deutschen HWF-Betriebswirten schwache Motivationsunterschiede entsprechend der regionalen Herkunft festgestellt[60]. Personen aus dem Norden und Süden der Bundesrepublik liegen höher als Westdeutsche in den Motivarten HE und FM sowie in der daraus resultierenden Gesamtmotivation.

Aus Tabelle A 18 geht hervor, daß 67 % der norddeutschen, 58 % der süddeutschen und nur 34 % der westdeutschen HWF-Studierenden hoch erfolgsmotiviert sind. Der korrelative Zusammenhang zwischen der „Hoffnung auf Erfolg" und der regionalen Herkunft ist schwach, aber in zwei Fällen signifikant. Bei der Gegenüberstellung Nord : West ergibt sich ein Koeffizient von 0.26 ($x^2 = 5{,}34 - p < 5$) und bei dem Vergleich Süd : West ein solcher von 0.20 ($x^2 = 3{,}64 - p < 10$).

Die grundsätzlich gleiche Tendenz besteht hinsichtlich der „Furcht vor Mißerfolg", allerdings in abgeschwächter Form. In der Mißerfolgsmotivierung liegen Studierende aus dem Norden vor Süd und West. Die entsprechenden Prozentwerte sind 67 — 64 — 48 (vgl. Tabelle A 19).

Da sich die Gesamtmotivation aus der Addition der HE- und FM-Werte ergibt, muß sich die gleichlaufende Tendenz beider Größen entsprechend niederschlagen. Tabelle A 20 zeigt, daß die norddeutschen Studenten mit 67 % gegenüber den süddeutschen mit 55 % und den westdeutschen mit 48 % am häufigsten überdurchschnittlich leistungsmotiviert (GM) sind. Der korrelative Zusammenhang ist dabei allerdings weniger klar als in bezug auf die HE — bedingt durch die FM.

Bei einer Gegenüberstellung der nord- und süddeutschen Studierenden erweist sich die LM der Norddeutschen als geringfügig höher, Hoffnung und Furcht sind jeweils ausgeprägter, eine positive Grundtendenz der LM ist häufiger.

Das gilt nicht mehr, wenn man nur die extrem (hoch oder niedrig) Motivierten aus den drei Regionen vergleicht. 77 % der extrem motivierten süddeutschen Studierenden sind sehr hoch leistungsmotiviert (vgl. Tabelle A 21). Der entsprechende Wert für die Norddeutschen ist 50 % und für die Westdeutschen nur 14 %. Bei der Berechnung der korrelativen Beziehung zwischen extrem hoher Leistungsmotivation und regionaler Herkunft bringt der Vergleich Süd : West den bislang höchsten Koeffizienten von 0.66. Süddeutsche HWF-Studierende sind also sehr bemerkenswert häufiger extrem hoch leistungsmotiviert als westdeutsche ($x^2 = 11{,}76 - p < 1$).

---

[60] Vgl. Zusammenfassung in Tabelle A 2.

Ein nicht völlig, aber doch erheblich abweichendes Bild ergibt die Analyse der Leistungsorientierung. Aus Tabelle A 22 ist zu ersehen, daß hier wiederum die norddeutschen Studierenden das günstigste Bild aufweisen (68 % LO). Im Gegensatz zu den Feststellungen hinsichtlich der LM folgt an zweiter Stelle der Westen (57 %) vor dem Süden (43 %). Das weist erneut hin auf die hohe Wahrscheinlichkeit, daß die Methoden der Phantasie-Beurteilung zur Ermittlung der LM und die Katona-Frage zur Erfassung der LO zwei verschiedene — zumindest unterschiedliche — Dinge messen.

Da die zuvor getroffenen Aussagen über die — alles in allem nicht sehr ausgeprägten — Beziehungen zwischen der LM und LO und der regionalen Herkunft unserer ersten Annahme in bezug auf deutsche Verhältnisse direkt entgegenstehen und auch mit der Alternativ-Hypothese nur sehr bedingt übereinstimmen, wurde versucht, durch eine weitere Aufspaltung der Regionalgruppen in Untergruppen zu fundierteren Aussagen zu gelangen. Das konnte in Ermangelung einer ausreichenden Zahl von Testpersonen aus dem Norden und Süden nur für die Region „Westen" geschehen.

Diese Aufspaltung des Westens in die Gruppen „Westfalen" (nördliches und östliches) — „Ruhr/Niederrhein" — „Rheinland" zeigt, daß das relativ schlechte Motivationsbild des Westens primär auf die Gruppe der Studierenden aus dem Rheinland zurückzuführen ist. Trotz sinkender Anzahl von Testpersonen mit den jeweiligen Merkmalen werden die korrelativen Beziehungen durch die Aufspaltung deutlicher; insbesondere wird häufiger die statistisch notwendige Signifikanzgrenze erreicht. Andererseits entsteht ein wesentlich vielschichtigeres und weniger leicht zu interpretierendes Zahlengefüge.

In der Erfolgsmotivierung bleiben Süd und Nord jeweils stärker als Ruhr, Westfalen und Rheinland einzeln. Die sich ergebende Korrelation von 0,29 bei der Gegenüberstellung Süd: Rheinland liegt über der 5-%-Signifikanz, die des Vergleiches Nord: Rheinland mit 0,40 ist bemerkenswert und liegt über der 1-%-Grenze und muß somit als höchst signifikant bezeichnet werden[61].

Innerhalb der westdeutschen Untergruppe ist die Erfolgsmotivierung am höchsten unter den Studierenden von der Ruhr, gefolgt von den Westfalen. Der Unterschied zwischen Ruhr und Rheinland ist bei einem Koeffizienten von 0,14 gering, in den Prozentwerten aber noch deutlich erkennbar.

Hinsichtlich der Motivart FM ergibt sich ein differenziertes Bild. Auch hier liegen die Rheinländer an unterster Stelle, d. h., sie sind am geringsten mißerfolgsmotiviert. Die Mißerfolgsmotivierung der Westfalen dagegen ist beachtlich hoch; sie überschreitet sogar die Werte der Süddeutschen, während die Personen von der Ruhr darunter bleiben. Die FM-Koeffizienten erreichen jedoch in keinem Fall die 10-%-Grenze der Signifikanz und können deshalb nur als Hinweis gewertet werden[62].

---

[61] Vgl. Tabelle A 2.
[62] Vgl. Tabelle A 2 und Zusammenfassung der Extremwerte in Tabelle A 3.

Die aus den beiden Motivarten durch Addition errechnete Gesamtmotivation ergänzt dieses Bild. Am stärksten leistungsmotiviert insgesamt (GM) ist zusammen mit dem Norden die westfälische Gruppe. Das ist deutlich erkennbar zurückzuführen auf die vergleichsweise starke Mißerfolgsmotivierung der Westfalen. In der Gesamtmotivation bleibt der Süden bei dieser differenzierten Betrachtungsweise hinter den beiden genannten Gruppen zurück und liegt mit der Ruhr gleichauf[63]. Die niedrigste Gesamtmotivation besitzt wiederum mit Abstand die rheinische Gruppe. Die Korrelations-Koeffizienten von 0,31 für die Gegenüberstellung Westfalen: Rheinland und 0,30 für Nord: Rheinland liegen beide über der 5-%-Grenze. Sogar beim Vergleich Ruhr: Rheinland ergibt sich eine schwächere, aber noch immer beachtenswerte Beziehung (0,15). Der höchste Korrelationskoeffizient der ganzen Untersuchung wird in diesem Zusammenhang bei der Gegenüberstellung der Extremwerte zwischen Süd und Rheinland erreicht, und zwar mit 0,67 ($x^2 = 9{,}43 - p < 1$)[64].

Die NH-Werte, die Aufschluß über die Grundrichtung der Motivation geben sollten, sind weniger klar und zum Teil widersprüchlich. Insgesamt scheinen die Testpersonen von der Ruhr am häufigsten eine positive Grundtendenz zu besitzen[65].

Bereits im Zusammenhang mit der regionalen Herkunft wurden Unterschiede in der LM und LO festgestellt. Zwangsläufig müssen sich diese bei der Aufspaltung der Region „Westen“ in irgendeiner Weise niederschlagen. Es fällt auf, daß die westfälischen und auch die rheinischen Studenten häufiger leistungsorientiert sind als jene aus dem Süden[66]. Alles in allem sind die Unterschiede jedoch nur gering.

Faßt man die durch die Gruppenaufspaltung gewonnenen Erkenntnisse zusammen, so ergibt sich ein relativ kompliziertes mehrschichtiges Motivationsbild in bezug auf die geographische Herkunft. Unsere ursprüngliche Vermutung, daß in Deutschland keine Beziehungen zwischen der LM und der LO einerseits sowie der geographischen Herkunft andererseits bestehen könnten, muß trotz verschiedener Ungereimtheiten im ganzen als falsifiziert angesehen werden. Zumindest in der untersuchten Bevölkerungsgruppe bestehen solche Unterschiede, die teilweise mit den Feststellungen Eulenbergs über die Herkunft der Wirtschaftsführer — Ausnahme Rheinland — übereinzustimmen scheinen.

Da schwer einzusehen ist, warum solche Unterschiede noch heute bestehen sollten und insbesondere warum die Gruppe der Rheinländer eine insgesamt niedrige LM (aber höhere LO) besitzen soll, wurde eine Kreuzvalidierung mittels Gegenüberstellung der Ergebnisse der einzelnen Höheren Wirtschaftsfachschulen versucht sowie nach Plausibilitätsgründen gesucht. Im ersten Fall ergibt sich eine Stützung unserer

---

[63] Bei der Analyse der Extremwerte in der Gesamtmotivation liegen die Studierenden aus dem Süden jedoch wieder vor denen aus Westfalen. Das bedeutet, daß von den extrem Motivierten erheblich mehr sehr hoch in der Gesamtmotivation liegen (vgl. Zusammenfassung in Tabelle A 3).

[64] Vgl. Tabelle A 3.

[65] Vgl. Zusammenfassung in Tabelle A 2.

[66] Vgl. Tabelle A 4 im Anhang.

Feststellungen. Die norddeutsche HWF Wilhelmshaven besitzt das vergleichsweise günstigste, die HWF Köln insgesamt das ungünstigste Motivationsbild[67]. Die Unterschiede in der LO fallen in diesem Zusammenhang kaum ins Gewicht.

Selbst eine solche Bestätigung hinsichtlich der Leistungsmotivation kann nicht dazu führen, die Motivationsunterschiede ausschließlich oder vorwiegend auf die Mentalität zurückzuführen. Vielmehr scheint auch hier — wie bereits in anderem Zusammenhang — die Frage der Grundgesamtheiten eine bedeutende Rolle zu spielen. Um unsere Frage nach der Wirkursache beantworten zu können, müßten weitere spezielle Untersuchungen durchgeführt werden, in denen eine Reihe von denkbaren intervenierenden Variablen kontrolliert werden könnte[68]. Festzuhalten bleibt jedoch, daß die LM und die LO zwischen den HWF-Studierenden unterschiedlicher regionaler oder landschaftlicher Herkunft nicht unerheblich differieren.

---

[67] Neben einem relativ großen Anteil Studierender aus Süddeutschland an allen Höheren Wirtschaftsfachschulen stammt die überwiegende Mehrheit der Studenten in Wilhelmshaven aus dem norddeutschen Raum, in Bielefeld aus Ostwestfalen, in Mönchengladbach aus dem Niederrhein/Ruhr-Gebiet und Westfalen und in Köln aus dem Rheinland.

Eine Gegenüberstellung der Anzahl der Testpersonen mit hoher HE in Wilhelmshaven und Köln ergibt eine Korrelation von 0,31. Dieser Koeffizient ist sehr signifikant ($p < 1$).

Der entsprechende HE-Vergleich Mönchengladbach : Köln liegt mit 0,23 ebenfalls noch über der 5%-Grenze der Signifikanz.

Bei einem Vergleich der GM Mönchengladbach : Köln ergibt sich die gleiche Korrelation von 0,23, die sehr signifikant ist; entsprechend Wilhelmshaven : Köln 0,22, signifikant bei 5 %.

[68] Es ist zu überlegen, ob sich die zum Zeitpunkt der Testdurchführung gegebene Streuung der Höheren Wirtschaftsfachschulen in Deutschland über die geographische Herkunft in Motivationsunterschieden niederschlagen kann. In Süddeutschland bestand noch *keine*, in ganz Norddeutschland nur *eine* voll ausgebaute HWF. Eine Art Ballung zeigte sich dagegen im Westen. Ebenso ist denkbar, daß nord- und süddeutsche HWF-Studierende wegen der in bezug auf diesen Schultyp wesentlich ungünstigeren geographischen Lage und der damit verbundenen zusätzlichen Schwierigkeiten eine Auslese Leistungsmotivierter darstellen, die für die jeweiligen Gebiete nicht unbedingt repräsentativ sein müssen. Einer solchen Interpretation steht jedoch das günstige Abschneiden der Westfalen sowie zum Teil auch der Personen aus dem Ruhrgebiet entgegen (dichtere HWF-Verteilung), das sich durch die Untergliederung der Region „West“ herauskristallisierte.

Eine weitere Erklärungsmöglichkeit könnte für den vorwiegend ländlichen Norden und Süden Deutschlands in der gegenüber dem dichtbesiedelten Westen ungünstigeren allgemeinen Schulsituationen gesehen werden. Während im Westen ausreichend Institutionen des „1. Bildungsweges“ auch für „Spätberufene“ vorhanden sein dürften, sind vorwärtsstrebende Nord- und Süddeutsche, die das Gymnasium verpaßten, möglicherweise stärker auf Schultypen wie die HWF angewiesen.

In einem gewissen Zusammenhang damit steht auch die Überlegung, daß in ländlichen Gebieten neben den viel zitierten Bildungsreserven ähnliche Reserven Hochmotivierter brachliegen könnten, letztlich aufgrund des Schulsystems. Dieser Gedanke steht in etwa in Übereinstimmung mit unseren Feststellungen hinsichtlich der Ortsgröße (vgl. oben, § 8, Abs. 4).

§ 9 Leistungsmotivation und demonstrierter Leistungswille

Auf den ersten Blick könnte der Eindruck entstehen, daß Leistungsmotivation und Leistungsorientierung einerseits sowie der demonstrierte Leistungswille andererseits im wesentlichen identisch seien. In den konkreten Willen, etwas Bestimmtes zu leisten, fließen neben der vermuteten LM viele andere Faktoren (wie Prestige, Geldanreize u. a. m.) ein. Trotzdem muß zwischen der LM und LO und dem konkreten Leistungswillen eine Beziehung vermutet werden.

In der psychologischen Forschung wurde eine Reihe solcher Korrelationen festgestellt. Allerdings handelt es sich dabei im wesentlichen um Leistungswillen oder Leistung im Rahmen von Laborversuchen (im Sinne von „problem solving" irgendwelcher Art)[69]. Eine solche Korrelation zwischen der Motivation und einer Testleistung ist zwar interessant an sich, kann jedoch in unserem Zusammenhang keine große Hilfe sein.

Der konkrete Leistungswille kann in dieser Untersuchung nur geschlossen werden aus drei ermittelten Größen: der effektiven Semesterleistung im HWF-Studium, dem beruflichen Anspruchsniveau und möglicherweise aus der frühzeitigen Entscheidung für den künftigen Arbeitgeber.

1. Semesterleistung

In Übereinstimmung mit dem zuvor Gesagten kann vernünftigerweise nicht angenommen werden, daß ein einzelnes der vielen menschlichen Motive das Leistungsverhalten ausschließlich bestimmen kann. Trotzdem muß eine Beziehung zwischen der Leistungsmotivation und

---

[69] Vgl. solche Feststellungen u. a. bei: *Feather*, N. T.: Persistance at a difficult task with alternative task of intermediate difficulty, J. abn. soc. Psy., 1963 b, 66, S. 604—609; *French*, E. G.: Some characteristics of achievement motivation, J. abn. soc. Psy., 1955, 50, S. 232—236; *French*, E. G. & *Thomas*, F. H.: The relation of achievement motivation to problem-solving effectiveness, J. abn. soc. Psy., 1958, 56, S. 45—48; *Heckhausen*, H.: Leistungsmotivation, Lebensentwurf und sozialer Status, a.a.O., S. 3 f.; *Martire*, J. G.: Relationship between the self-concept and differences in the strength and generality of achievement motivation, in: Atkinson et al.: Motives in ..., a.a.O., S. 362; *Vogel*, W., *Baker*, R. A. & *Lazarus*, R. S.: The role of motivation in psychological stress, J. abn. soc. Psy., 1958, S. 105—112; *Atkinson*, J. W.: Thematic apperceptive measurement of motives within the context of a theory of motivation, in: Atkinson et al.: Motives in ..., a.a.O., S. 602 ff.; *Kolb*, D. A.: Achievement motivation training for underachieving high school boys, Harvard University: Unpublished Draft, S. 1; *Mc Keachie*, W. J.: Motivation, teaching methods, and college learning, in: Jones, M. R. (Ed.): Nebraska Symposium on Motivation, 1961, Lincoln/Nebr. 1961, S. 111—142. *Atkinson* et al.: The achievement motive, goal setting, and probability preferences, J. abn. soc. Psy., 1960, 60, S. 29 ff.

der Schul- bzw. Studienleistung vermutet werden, und zwar derart, daß zumindest Hochmotivierte im ganzen häufiger gute Schulleistungen erreichen sollten. Außerdem ist denkbar, daß frühzeitige Mißerfolgserlebnisse im Zusammenhang mit schlechten Zensuren zu einer relativ starken Mißerfolgsmotivierung führen.

Diese Annahmen bestätigten sich in verschiedenen amerikanischen Untersuchungen. Ein hohes ‚b-Leistungs'-Maß und gute Schulzensuren korrelieren danach in den USA miteinander[70]. Die festgestellten Beziehungen müssen jedoch in der Regel als schwach bezeichnet werden[71]. Ferner fand man in den Vereinigten Staaten mehrfach einen positiven Zusammenhang zwischen hoher LM und guten Leistungen in Tests[72].

In unserer Untersuchung konnten über die Institutsleiter der Höheren Wirtschaftsfachschulen die Durchschnittszensuren des letzten Semesters vor dem Verlassen der HWF — Sommersemester 1964 — herangezogen werden. Auf der Grundlage dieser Informationen wurde eine Dreiteilung der Notenskala vorgenommen, und zwar:

1. „gut und besser"
2. „befriedigend"
3. „ausreichend und schlechter"

Die aus der Koeffizienten-Tabelle (Tabelle A 2) ersichtlichen Korrelationen sind alles in allem die klarsten und aussagefähigsten der Untersuchung der Determinanten der Leistungsmotivation.

Es besteht in der untersuchten Bevölkerungsgruppe eine relativ klare positive Beziehung zwischen hoher Erfolgsmotivierung und guten Semesterleistungen. Nach Tabelle A 23 sind 60 % der „guten" Studierenden hoch erfolgsmotiviert. Der entsprechende Wert sinkt bei „befriedigenden" Studenten auf 49 % und bei denen, die mit „ausreichend und schlechter" benotet wurden, gar auf 12 %. Der Vergleich der guten und ausreichenden Schüler ergibt einen Korrelations-Koeffizienten von 0.46 ($x^2 = 11{,}85 - p < 1$). Das bedeutet, daß gute Studierende signifikant häufiger erfolgsmotiviert sind. Selbst der Koeffizient von 0.31 bei der Gegenüberstellung „befriedigend" : „ausreichend" muß noch als sehr signifikant bezeichnet werden ($x^2 = 10{,}67 - p < 1$).

---

[70] *Atkinson*, J. W. & *Reitman*, W. R.: Performance as a function of motive strength and expectancy of goal attainment, J. abn. soc. Psy., 1960, 53, S. 361—366; *McClelland*, D. C.: The use of measures of human motivation in the study of society, in: Atkinson et al.: Motives in ..., a.a.O., S. 520.

[71] Vgl. dazu: *Ricciuti*, H. N. & *Sadacca*, R.: The prediction of academic grades with a projective test of achievement motivation. II. Cross validation at high school level, Princeton/N. J.: Education Testing Service, 1955; *Morgan*, H. H.: Measuring achievement motivation with picture interpretation, J. consult. Psy., 1953, 17, S. 289—292.

[72] *Lowell*, E. L.: The effect of need for achievement on learning, J. psychol., 1952, 33, S. 31—40; *Karolchuck*, P. A. & *Worell*, L.: Achievement motivation and learning, J. abn. soc. Psy., 1956, 53, S. 255—257.

Hinsichtlich der FM ist das Ergebnis genau reziprok. „Schlechtere" Studenten beweisen häufiger eine hohe Furcht vor Mißerfolg als „gute". Erstaunlich ist die Feststellung, daß „befriedigende" Studierende häufiger Furcht vor Mißerfolg besitzen als „ausreichende" (vgl. Tabelle A 24). Nur der schwache Korrelations-Koeffizient von 0.16 bei „gut" : „befriedigend" ist signifikant bei 10 % ($x^2 = 2{,}94$). Untermauert wird diese Aussage über die Stärke der Mißerfolgsmotivierung durch die Auswertung der Extremwerte. Tabelle A 25 demonstriert, daß von den extrem hoch oder niedrig Motivierten in der Gruppe „befriedigend" der höchste Prozentsatz sehr hoch mißerfolgsmotiviert ist, gefolgt von den guten und ausreichenden Studenten.

Da die Beziehung zwischen hoher Erfolgsmotivierung und guten Zensuren grundsätzlich ausgeprägter ist als jene zwischen hoher Mißerfolgsmotivierung und schlechten Zensuren, ergibt sich bei einer Addition zur GM eine logische Abrundung des Bildes. „Gute" und „befriedigende" Studierende sind häufiger hoch leistungsmotiviert als „ausreichende". 60 % der mit „befriedigend" benoteten Studenten mußten als hoch in der GM eingestuft werden. Nur wenig darunter liegen die „guten" Studenten mit 53 %. Von der schlechteren Restgruppe konnten sich nur 23 % als überdurchschnittlich leistungsmotiviert qualifizieren (vgl. Tabelle A 26). Die Koeffizienten sind mit 0.28 ($x^2 = 4{,}32 - p < 5$) für „gut" und 0.29 ($x^2 = 9{,}33 - p < 1$) für „befriedigend" beide signifikant bzw. sehr signifikant. Bedingt durch die relativ starke Mißerfolgsmotivierung in der Gruppe der „befriedigenden" Schüler, die mit einem vergleichsweise hohen Anteil Erfolgsmotivierter zusammentrifft, besitzen diese Testpersonen die höchste LM insgesamt.

Noch deutlicher tritt diese Tendenz hervor, wenn man die Extremwerte in der GM analysiert (Tabelle A 27). 72 % der extrem motivierten „befriedigenden" Studenten sind sehr hoch leistungsmotiviert. Die Werte für die „guten" bzw. „ausreichenden" Studenten liegen bei 50 bzw. 11 %. Der Unterschied in extrem hoher GM zwischen guten und schlechten HWF-Studierenden ist so groß, daß der entsprechende Koeffizient trotz der geringen Anzahl mit 0.50 ($x^2 = 6{,}75 - p < 1$) statistisch sehr signifikant ist.

Hinsichtlich der NH, also der positiven bzw. negativen Motivationsrichtung, sind die empirischen Werte erneut weniger deutlich. Lediglich die Gegenüberstellung der „guten" und „ausreichenden" Studierenden gestattet eine Aussage: Die Motivationsrichtung der „guten" Testpersonen ist häufiger positiv (+ NH) als die der „ausreichenden" (0.25, $p < 10$) [73].

---

[73] Vgl. Tabelle A 2 im Anhang.

Anders als zuvor häufiger festgestellt stimmen in diesem Zusammenhang die Ergebnisse der Analyse der LM und der LO weitestgehend überein. Gute Studenten sind häufiger leistungsorientiert als solche, die im Durchschnitt mit „befriedigend" benotet wurden, letztere wiederum häufiger als schlechte Studenten. Die entsprechenden Werte sind nach Tabelle A 28: 69 % — 60 % — 33 %. Dabei ist der Zusammenhang zwischen guten Semesterleistungen und der LO bei einem Vergleich mit der Gruppe der „ausreichenden" Studenten mit 0.57 ($x^2 = 17,22 - p < 1$) klar und höchst signifikant. Selbst der entsprechende Koeffizient von 0.20 bei der Gegenüberstellung „befriedigend" : „ausreichend" überschreitet noch die statistisch notwendige Sicherheitsgrenze ($x^2 = 4,04 - p < 5$).

Mit diesen Feststellungen dürfte unsere Hypothese grundsätzlich als verifiziert angesehen werden. Zwischen hoher LM und LO und relativ guten Semesterleistungen besteht in Deutschland — innerhalb der HWF — eine positive Beziehung, d. h., hoch leistungsmotivierte und leistungsorientierte Personen erreichen häufiger gute Zensuren[74].

Aufgrund der Trennung der Grundmotive der LM ist eine noch weitergehende Aussage möglich: Bessere Schulzensuren gehen häufiger mit hoher Erfolgsmotivierung und schlechtere Schulzensuren häufiger mit hoher Mißerfolgsmotivierung einher.

Unbeantwortet ist nach einer solchen Feststellung grundsätzlich noch die Frage nach Ursache und Wirkung: Hat hohe Leistungsmotivation sowie Leistungsorientierung in der Tat unserer Vermutung entsprechend eine bessere Semesterleistung zur Folge, oder führen Erfolge in der Schule zu einer höheren Leistungsmotivation? Möglicherweise liegt gar eine gewisse Wechselwirkung zwischen beiden Faktoren vor.

Obwohl die letztgenannte Möglichkeit nicht völlig abgewiesen werden kann, muß man nach den neueren Forschungsergebnissen jedoch davon ausgehen, daß sich die LM bereits im frühen Kindesalter (3—3 3/4 Jahre) zu entwickeln beginnt und über die verschiedenen Altersabschnitte insgesamt relativ konstant bleibt[75]. Gute Schul- oder Studienleistungen müssen also eher als Folge hoher LM (neben anderen

---

[74] Zusätzliche Informationen hätten möglicherweise gewonnen werden können, wenn statt der durchschnittlichen Semesterleistung die Zensuren in den einzelnen Fächern auf ihren Bezug zur LM hin untersucht worden wären. Ähnliches wurde kürzlich hinsichtlich des Zusammenhanges zwischen Zensuren und Berufserfolg in den Salzgitter-Bergwerken versucht. Vgl. dazu: *Paff*, Günter: Schulleistung, Berufseignung und Bewährung, Bern/Stuttgart: Huber 1966, S. 41 ff.

[75] Vgl. u. a.: *Heckhausen*, H.: Hoffnung und Furcht in der Leistungsmotivation, a.a.O., S. 14; vgl. auch unsere Feststellungen im Zusammenhang mit dem Alter, § 6.

Faktoren) angesehen werden[76]. Aufgrund dieser Erkenntnisse ist es in den USA sogar gelungen, bei ursprünglich niedrig leistungsmotivierten und schlechten Schülern durch ein Antrainieren der Prinzipien der LM die Schulleistungen beachtlich zu heben[77].

Trotz dieser Erkenntnisse darf nicht übersehen werden, daß durch die Häufung von Erfolgs- bzw. Mißerfolgserlebnissen auch die relativ überdauernde Motivation beeinflußt werden kann[78]. Gerade die Tatsache, daß letztere Möglichkeit nicht gänzlich ausgeschlossen werden kann, ist Grund für die Anlage dieser Untersuchung in der vorliegenden Form.

2. Berufliches Anspruchsniveau

Zwischen der Höhe des beruflichen Anspruchsniveaus und der Art und Stärke der LM und der LO muß eine relativ klare Beziehung vermutet werden. Theoretisch ist anzunehmen, daß hoch Leistungsmotivierte, insbesondere Erfolgsmotivierte, sich hohe Berufsziele setzen.

Einer solchen generalisierenden Annahme stehen die Ergebnisse der Anspruchsniveau-Forschung entgegen. Mahone untersuchte 1960 die Berufswünsche von Jugendlichen und stellte fest, daß Mißerfolgsmotivierte häufiger niedrige und unrealistisch hohe, Erfolgsmotivierte eher realistische Berufswünsche äußerten[79]. Diese Feststellung stimmt im wesentlichen überein mit dem Verhalten, das diese Gruppen in diversen Anspruchsniveau-Tests demonstrierten: Personen mit hoher LM setzen sich in der Regel mittlere, Personen mit niedriger LM entschieden sich dagegen für niedrige oder extrem hohe Ziele (= Risiko)[80].

In bezug auf unsere Untersuchung ergeben sich somit zwei Alternativ-Hypothesen: Theoretisch sollte man die höchsten Berufsziele in der Gruppe der hoch leistungsmotivierten Studierenden erwarten; aufgrund der vorliegenden Forschungsergebnisse müßte sich die gleiche Gruppe eher realistische und nicht zu hohe Berufsziele setzen[81].

---

[76] Vgl. *David, Brazer, Morgan, Cohen:* Educational achievement — Its causes and effects, Ann Arbor: Survey Research Center, Oct. 1961, Monograph 23, S. 12.

[77] Vgl. *Kolb*, D. A.: Achievement motivation training for underachieving high school boys, a.a.O., S. 18.

[78] Vgl. *Broverman, Jordan* jr., E. J. & *Phillips:* Achievement motivation in fantasy and behavior, a.a.O., S. 375.

[79] *Mahone*, Ch. H.: Fear of failure and unrealistic vocational aspiration, J. abn. soc. Psy., 1960, 60, S. 253—261.

[80] Vgl. u. a.: *Atkinson* et al.: The achievement motive, goal setting, and probability preferences, J. abn. soc. Psy., 1960, 60, S. 29 ff.; *Atkinson* et al.: Leistungsmotivation, a.a.O., S. 118 f.; *Heckhausen*, H.: Leistungsmotivation, Handbuch der Psychologie, Sonderdruck aus Band 2 „Motivationslehre", S. 652 ff.

[81] *Burnstein*, E.: Fear of failure, achievement motivation, and aspiring to prestigeful occupations, J. abn. soc. Psy., 1963, 67, S. 189—193; in dieser Un-

Die Erhebung der Informationen für den Test des Wahrheitsgehaltes dieser Hypothesen erfolgte in Anlehnung an eine Reihe von Fragen, die im Zusammenhang mit einer anderen Untersuchung im Seminar für Finanzwissenschaft der Universität Köln entwickelt wurden und auch dem III. Kapitel dieser Arbeit zugrunde liegen.

Danach wird die Höhe des beruflichen Anspruchsniveaus bestimmt durch drei Faktoren:

1. Erwartete hierarchische Stellung
2. Erwartetes Gehalt
3. Erwartete Funktion.

Zur Ermittlung der erwarteten hierarchischen Stellung wurde ausgegangen von der Position, die die Testperson vor dem Ausscheiden aus der Wirtschaft und dem Beginn des Studiums an der HWF innehatte. Die Frage dazu lautete:

„Welcher Ebene eines Unternehmens gehörten Sie an, bevor Sie das Studium an der HWF begannen[82]?"

Diese Bezugsbasis sollte der Testperson eine Einordnung der für später erwarteten hierarchischen Position ermöglichen. Entsprechend wurde gefragt:

„Durch den Besuch der HWF haben sich Ihre Berufschancen sicherlich verbessert. Vergleichen Sie bitte die hierarchische Ebene, auf der Sie in 5 Jahren in Ihrer künftigen Firma stehen wollen, mit der Ebene, der Sie vor dem Eintritt in die HWF angehörten. Um wieviel Ebenen werden Sie gestiegen sein?"

In bezug auf den zweiten Faktor hieß die Frage:

„Was glauben Sie bei Ihren Fähigkeiten und Ihrer Ausbildung in 5 Jahren zu verdienen?"

Unter 650 DM	0 Punkte
650 — 849 DM	1 Punkt
850 — 1 049 DM	2 Punkte
1 050 — 1 249 DM	3 Punkte
1 250 — 1 449 DM	4 Punkte
1 450 — 1 649 DM	5 Punkte
1 650 — 1 849 DM	6 Punkte
1 850 — 2 149 DM	7 Punkte

---

tersuchung wurde festgestellt, daß Erfolgsmotivierte ein höheres Anspruchsniveau darin besitzen, erwünschte Berufe auch ernsthaft anzustreben. In unserem Zusammenhang kann eine solche Erkenntnis jedoch nicht als weitere Arbeitshypothese herangezogen werden, da eine exakte Unterscheidung zwischen Berufswünschen und konkreten Berufsplänen aufgrund der Informationen nicht möglich war.

[82] Vgl. parallele Frage II.6 im Fragebogen, Anhang.

Die Frage nach der Funktion, die die Testpersonen nach Ablauf von 5 Jahren auszuüben glaubten, konnte aufgrund der relativ homogenen Ausbildungsstruktur und der relativ gleichartigen Berufsmöglichkeiten direkt gestellt werden[83]. Die erhaltenen Antworten reichten vom Industrie-Direktor über den Marketing-Manager und Revisor bis zum Vertriebsassistenten und Buchhalter. Diese Funktionserwartungen wurden — nach Ermessen des Verfassers — in eine Skala von 0 (niedrige) bis 7 (sehr hohe Erwartungen) eingeordnet.

Zur Ermittlung der Höhe des beruflichen Anspruchsniveaus wurden die zu den drei Fragen erzielten Punktwerte (jeweils 0—7) addiert. Die sich ergebende Punktskala wurde in drei Bereiche unterteilt:

0 — 6 Punkte = niedriges Anspruchsniveau
7 — 14 Punkte = mittleres Anspruchsniveau
15 — 21 Punkte = hohes Anspruchsniveau[84].

Grundsätzlich scheinen die empirischen Unterlagen die an die Anspruchsniveau-Forschung angelehnte Hypothese 2 zu stützen, allerdings in sehr modifizierter Form. Personen mit dem höchsten beruflichen Anspruchsniveau (15—21 Pkte.) sind übereinstimmend mit dieser Annahme und entgegen der 1. Hypothese weniger stark leistungsmotiviert als Testteilnehmer mit mittleren und niedrigen Berufserwartungen. Das gilt gleichermaßen im Hinblick auf die Erfolgs- wie auf die Mißerfolgsmotivierung[85], allerdings bei letzterer in stärkerem Maße. Die höchste Leistungsmotivation insgesamt (GM) scheinen jedoch im Gegensatz zur gleichen Hypothese die Testpersonen des unteren Drittels der Anspruchsniveau-Skala zu besitzen.

Sogar die Gruppe der Personen, die fünf Monate vor Studienschluß keine genauen Vorstellungen über die künftige berufliche Tätigkeit entwickelten, zeigte eine insgesamt stärkere LM als Studierende mit einem sehr hohen beruflichen Anspruchsniveau. Die genannte Gruppe unterscheidet sich auch nur in der geringeren Mißerfolgsmotivierung und der seltener positiven Grundrichtung der Motivation von den Personen mit mittlerem und niedrigem Anspruchsniveau[86].

[83] Alle HWF-Studierenden kommen aus der Wirtschaft und gehen nach ihrer Ausbildung vorwiegend in die Industrie, in erheblich geringerem Maße in den Handel und das Dienstleistungsgewerbe zurück (vgl. Tabelle C 4).

[84] Im Rahmen der Analyse unserer empirischen Ergebnisse mußten zwei auffallend große Gruppen eliminiert werden. Im ersten Fall handelt es sich um die Kinder selbständiger Unternehmer, die die Absicht äußerten, im elterlichen Unternehmen tätig zu werden (16 Personen). Die Anwendung der vorstehenden Fragen auf diese Gruppe erschien nicht statthaft, weil gleiche Bedingungen nicht gesichert waren. Zusätzlich gab ein Großteil der Testpersonen (72) an, in bezug auf die gestellten Fragen keine genaueren Vorstellungen zu haben, oder die Funktionserwartungen wurden sehr ungenau beschrieben (z. B. Betriebswirt in der Industrie). Aufgrund der niedrigen Restzahlen in den einzelnen Zellen erreichen die Korrelations-Koeffizienten in keinem Falle die 10-%-Grenze der Signifikanz.

[85] Vgl. Tabelle A 2 im Anhang.

[86] Vgl. ebenfalls Tabelle A 2.

Bestätigt werden diese Feststellungen grundsätzlich durch die Auswertung der Leistungsorientierung. Eine schwache Beziehung besteht danach zwischen der LO und einem mittleren beruflichen Anspruchsniveau[87].

Faßt man die vier Gruppen von Testpersonen — etwas überspitzt — anders, so könnte man von Studierenden mit phantastischen und unklaren Vorstellungen einerseits und solchen mit realistischen Vorstellungen (mittleres und niedriges Anspruchsniveau) sprechen. Dabei scheinen die realistischen Studenten stärker leistungsmotiviert und leistungsorientiert als ihre Gegenüber zu sein.

Das stünde in größerer Übereinstimmung mit der 2. Arbeitshypothese. Allerdings ist zu beachten, daß die hohe GM der Realisten weniger auf die Erfolgsmotivierung als auf die stärker ausgeprägte ‚Furcht vor Mißerfolg' zurückzuführen ist. Diese Einschränkung steht insofern im Gegensatz zur 2. Hypothese, als die Untersuchung Mahones betroffen ist. Nach diesen Feststellungen scheint es, daß durch die Art unserer Fragestellung stärker Berufswünsche (Hypothese 2) als bewußt erstrebte Berufsziele im Sinne der Untersuchung von Burnstein erfaßt wurden. Die schwachen Koeffizienten können jedoch allenfalls als Hinweis gewertet werden, und zwar als Hinweis darauf, daß hoch Leistungsmotivierte — insbesondere Mißerfolgsmotivierte — sowie Leistungsorientierte eher ein mittleres oder niedriges (realistisches) berufliches Anspruchsniveau besitzen als ein hohes (phantastisches) oder unklares.

3. Frühzeitige Firmenwahl

Innerhalb der psychologischen Forschung wurde festgestellt, daß Hochmotivierte „different images of time"[88] haben. „Hochmotivierte empfinden die Zeit als etwas ‚Dynamisch-Rasch-Bewegtes', Niedrigmotivierte als etwas ‚Statisch-Ruhendes'. Unterscheidet man bei den Hochmotivierten zwischen den Erfolgs- und Mißerfolgsmotivierten, so sehen die ersteren in der Zeit eine ‚zielgerichtet-rasche Fortbewegung', von der man sich vertrauensvoll tragen lassen kann, um sie planmäßig zu nutzen. Die letzteren sehen in ihr dagegen einen ‚ziellos-unablässigen Bewegungsfluß', dem sie sich eher schicksalhaft ausgeliefert fühlen[89]." Angewandt auf die Firmenwahl sollte das bedeuten, daß Hoch- und Erfolgsmotivierte sich frühzeitig vor Abschluß des Studiums um die Auswahl des künftigen Arbeitsplatzes bemühen, um die raschbewegte Zeit planmäßig zu nutzen.

---

[87] Vgl. Tabelle A 4.
[88] *McClelland,* D. C.: The achieving society, a.a.O., S. 334.
[89] *Heckhausen,* H.: Leistungsmotivation, Lebensentwurf und sozialer Status, a.a.O., S. 4 f.

Um den Wahrheitsgehalt dieser Annahme zu prüfen, wurden die Testteilnehmer gebeten anzugeben, ob sie sich — ca. 5 Monate vor Arbeitsbeginn — fest oder mit großer Wahrscheinlichkeit für die eine oder andere Firma entschieden hatten.

Aufgrund der Aussagen muß festgestellt werden, daß unsere Hypothese nicht verifiziert werden konnte. Bei den geringfügigen Unterschieden kann es sich ebenso gut um Zufallsverteilungen handeln. Die gleiche Möglichkeit kann im Hinblick auf die LO nicht ausgeschlossen werden.

§ 10 Zusammenfassung

Die eingangs dieses Kapitels zitierte Feststellung Atkinsons, daß menschliche Motive in den verschiedenen Segmenten einer Gesellschaft nicht gleichmäßig verteilt seien, wurde in der vorliegenden Arbeit und in bezug auf die untersuchte Gruppe der HWF-Studierenden nur bedingt bestätigt[90]. Trotz geringfügiger Unterschiede zwischen den meisten Merkmalsgruppen konnte die Möglichkeit einer Zufallsverteilung nur in wenigen Fällen ausgeschlossen werden. Die aus dem empirischen Zahlenmaterial abgeleiteten Aussagen können somit in der Mehrzahl nur als vorsichtige Hinweise in die eine oder andere Richtung gewertet werden. Dabei ist zusätzlich zu berücksichtigen, daß unsere Testgruppe nicht als repräsentativ für die deutsche Bevölkerung angesehen werden darf.

Im folgenden seien die relativ gut gesicherten Erkenntnisse thesenartig zusammengefaßt, und zwar der Klarheit halber getrennt für die Leistungsmotivation nach TAT und die Leistungsorientierung nach Katona.

Zwischen der LM und den demographischen Daten der Testpersonen wurden keine nennenswerten korrelativen Zusammenhänge festgestellt.

— Weibliche und männliche Testpersonen scheinen eine etwa gleichartige und gleich ausgeprägte Leistungsmotivation zu besitzen.

— Die Motivart FM scheint unter den jüngeren Jahrgängen der HWF-Studierenden geringfügig ausgeprägter zu sein und mit zunehmendem Alter zu sinken. Bedingt durch die stärkere Mißerfolgsmotivierung scheint die Gruppe der Jüngeren insgesamt eine etwas höhere LM zu besitzen.

— Keine Unterschiede in der LM wurden zwischen ledigen und verheirateten Testpersonen — auch solchen mit Kindern — festgestellt.

---

[90] Vgl. oben, II. Kapitel.

Sozio-ökonomische Daten stehen mit der Leistungsmotivation der untersuchten Gruppe in keinem klaren Zusammenhang.

— Die Beziehungen zwischen dem Beruf des Vaters und der LM des Jugendlichen sind äußerst schwach. Angestelltenkinder scheinen am stärksten erfolgs-, Arbeiterkinder am stärksten mißerfolgsmotiviert zu sein. Die LM ist unter Abkömmlingen von Angestellten am höchsten und von Arbeitern am niedrigsten.

— Zwischen der Einkommenshöhe des Vaters und der LM besteht keine klare Beziehung. Es scheint allerdings, als ob das Motivationsbild der oberen Einkommensklasse etwas ungünstiger sei.

— Das gleiche gilt für den Sozialstatus der Eltern. Kinder der oberen Sozialschicht scheinen das ungünstigere Motivationsbild zu besitzen: Sie erscheinen weniger erfolgsmotiviert und zeigen seltener eine positive Grundrichtung der Motivation. Unter den Angehörigen der unteren Sozialschicht scheint die FM relativ ausgeprägt zu sein.

Auch sozio-kulturelle Faktoren beeinflussen die LM der HWF-Studierenden im ganzen nur geringfügig. Allerdings konnten hier Unterschiede festgestellt werden.

— Flüchtlingskinder unterscheiden sich in der Motivation nicht von den Abkömmlingen Einheimischer.

— Waisen und Nichtwaisen besitzen ein etwa gleichartiges Motivationsbild.

— Unter Protestanten scheint hohe Erfolgs- und Mißerfolgsmotivierung sowie eine hohe GM etwas häufiger zu sein als unter Katholiken.

— Die Größe des Heimatortes scheint die LM nur schwach zu beeinflussen: HE und GM scheinen bei Personen aus ländlichen und kleinstädtischen Wohnorten etwas höher zu sein.

— Relativ klare korrelative Zusammenhänge wurden zwischen der geographischen Herkunft und der LM festgestellt. Das günstigste Motivationsbild besitzen in der untersuchten Gruppe die Personen aus dem Norden Deutschlands, dann jene aus dem Süden, bei landsmannschaftlicher Untergliederung auch die Westfalen. Der niedrigste Grad der LM wurde unter Rheinländern festgestellt.

Erwartungsgemäß konnten zwischen der LM und dem demonstrierten Leistungswillen bestimmte Zusammenhänge nachgewiesen werden.

— Die klarste Beziehung der ganzen bisherigen Untersuchung besteht zwischen der Semesterleistung (∅-Zensur) und der LM. „Gute“ Studierende sind stärker erfolgsmotiviert, „schlechtere“

stärker mißerfolgsmotiviert. Die Gesamtmotivation ist unter „befriedigenden" Studierenden am höchsten[91].

— Zwischen dem beruflichen Anspruchsniveau und der LM bestehen nur sehr schwache Beziehungen. Hoch leistungsmotivierte — insbesondere stark mißerfolgsmotivierte — Personen scheinen häufiger ein mittleres und niedriges (= realistisches) Berufsziel anzustreben.

— Der Zeitpunkt der Wahl der künftigen Firma steht in keiner Beziehung zur Art und Höhe der LM.

Fundierte Feststellungen in bezug auf die LO sind alles in allem noch seltener als hinsichtlich der LM. Trotz einiger nicht ohne weiteres erklärbarer Abweichungen weisen die Ergebnisse grundsätzlich in die gleiche Richtung wie die LM-Auswertung.

— Während keine Motivationsunterschiede zwischen den Geschlechtern festgestellt werden konnten, erwiesen sich Studenten häufiger leistungsorientiert als Studentinnen.

— Ähnlich wie die FM scheint die LO jüngerer Studierender geringfügig höher zu sein als die der älteren.

— Während Arbeiterkinder das ungünstigste Motivationsbild aufweisen, scheinen sie häufiger leistungsorientiert zu sein als Kinder aus anderen Berufsgruppen.

— Kinder der oberen Einkommensklasse schneiden auch hier — wie bei der LM — schlechter ab.

— Das gleiche scheint für die obere Sozialschicht zu gelten. Die LO ist — wie HE und positive NH — seltener.

— Personen aus ländlichen und kleinstädtischen Wohnorten scheinen häufiger leistungsorientiert zu sein.

— „Gute" Studierende sind nicht nur häufiger erfolgsmotiviert, sondern auch eher leistungsorientiert.

Im Rahmen der Analyse der Leistungsmotivation und der Leistungsorientierung auf ihre Komponenten hin wurden in der Gesamtauswertung[92] nur in zwei Fällen bemerkenswerte und gleichzeitig höchst signifikante Korrelationen festgestellt[93]:

---

[91] Diese Feststellungen wurden bestätigt durch die Auswertung der gleichzeitig mit der Ermittlung des Berufserfolges erhobenen Abschlußnoten.

[92] Zur Analyse der Extremwerte vgl. Tabelle A 3. — Bemerkenswerte Zusammenhänge bestehen auch hier hinsichtlich der geographischen Herkunft und der Semesterleistung: Unter den extrem Motivierten sind die süddeutschen Studierenden häufiger sehr hoch leistungsmotiviert (GM) als solche aus dem Rheinland (0,67 $p < 1$); süddeutsche ebenfalls öfter als die Gruppe des ganzen Westens (0,66 – $p < 1$); „befriedigende" Studenten liegen eher sehr hoch in der GM als „ausreichende" (0,50 – $p < 1$).

[93] Zur Einordnung von Koeffizienten als „bemerkenswert" und „signifikant" vgl.: *Fröhlich*, W. D.: Forschungsstatistik, a.a.O., S. 82.

— „Gute" Studenten sind häufiger leistungsorientiert als „ausreichende" (0.57 – $p < 1$).
— „Gute" Studierende sind auch stärker erfolgsmotiviert als „ausreichende" (0.46 – $p < 1$).
— Norddeutsche Studierende sind stärker erfolgsmotiviert als jene aus dem Rheinland (0.40 – $p < 1$).

In zwei weiteren Fällen ergaben sich etwas schwächere, aber immer noch höchst signifikante Korrelationen:

— „Befriedigende" Studenten sind stärker erfolgsmotiviert als „ausreichende (0.31 – $p < 1$).
— „Befriedigende" Studenten sind häufiger hoch leistungsmotiviert insgesamt (GM) als „ausreichende" (0.29 $p < 1$).

Damit ist die Antwort auf die Kernfrage dieses Kapitels gegeben, nämlich, ob im Hinblick auf den Teil III Faktoren vorhanden sind, die mögliche Beziehungen zwischen der LM bzw. LO und dem Berufserfolg stören können. Fast alle festgestellten Korrelationen sind sehr schwach und damit nicht geignet, im Teil III Grundtendenzen wesentlich zu überlagern oder gar zu verwischen. Lediglich die Schul- bzw. Studienleistung muß als möglicher Störfaktor beachtet werden.

Drittes Kapitel

Der Berufserfolg als abhängige Variable der Leistungsmotivation

Im folgenden Kapitel gilt es, die Grundannahme der vorliegenden Untersuchung auf ihren Wahrheitsgehalt zu testen, d. h., es ist zu klären, ob und gegebenenfalls welche Beziehungen zwischen der Leistungsmotivation und erfolgreicher Berufstätigkeit bestehen. Dabei ist in erster Linie die Frage zu beantworten, ob der Berufserfolg auf eine hohe und speziell geartete Leistungsmotivation zurückgeführt werden kann.

Die Bestimmung des Berufserfolges bereitet insbesondere deshalb erhebliche Schwierigkeiten, weil unsere Testpersonen als HWF-Betriebswirte erst 14—15 Monate im Beruf gestanden haben[1]. Nach dieser recht kurzen Zeitspanne kann nur ein erheblich überdurchschnittlicher Berufserfolg mit Sicherheit festgestellt werden. Das bedeutet, daß alle Interpretationen im folgenden Kapitel der größten Sorgfalt bedürfen. Es kann sich bei allen Aussagen lediglich um erste Hinweise handeln, während die exakte, für alle Testpersonen endgültige Bestimmung des Berufserfolges erst in einigen Jahren möglich sein dürfte.

Eine zweite Schwierigkeit besteht darin, daß die mittels Fragebogen[2] erhobene berufliche Situation der jeweiligen Testperson kaum objektiv mit der einer anderen verglichen werden kann. Es ist schwer zu entscheiden, ob die Tätigkeit als Gruppenleiter auf der zweiten Ebene eines Handelsunternehmens mit 40 Beschäftigten höher oder niedriger zu bewerten ist als die Arbeit eines Assistenten auf der 3. Ebene eines Großbetriebes in der metallverarbeitenden Industrie. Als einzige objektiv vergleichbare Größe bietet sich die Höhe des bezogenen Einkommens an. Darüber hinaus wenden wir eine dynamische Betrachtungsweise insofern an, als wir während der Berufstätigkeit eingetretene Veränderungen auf deren Beziehung zur Leistungsmotivation hin untersuchen werden. Solche Änderungen sind denkbar im Zusammen-

---

[1] Bewußt erfolgte die letzte Befragung mehr als 1 Jahr nach dem Eintritt in die Praxis. Häufig erfolgt nach dieser Zeitspanne der erste inner- oder interbetriebliche Wechsel (ca. 25 % der Testgruppe hatten die Anfangsstellung gewechselt).

[2] Vgl. Anhang.

hang mit der Einkommenshöhe, der innegehabten Funktion, der Position im Unternehmen und schließlich der beruflichen Situation ganz global.

Parallel mit der Analyse der Beziehungen zwischen der durch TAT erhobenen Leistungsmotivation und dem Berufserfolg wird die an Katona angelehnte Leistungsorientierung in gleicher Richtung untersucht. Es erscheint nicht sinnvoll, wegen der geringen Erkenntnisse in Kapitel II auf die weitere Verwendung dieser Größe zu verzichten, da es sich um stark unterschiedliche Bezugsgrundlagen handelt. Ein Vergleich der Ergebnisse im folgenden Kapitel sollte Hinweise darüber geben können, welche der beiden verwendeten Methoden sich für künftige vergleichbare Untersuchungen empfiehlt.

Schließlich bleibt zu klären, wie sich der im voraufgehenden Kapitel festgestellte korrelative Zusammenhang zwischen der LM und der Studienleistung in bezug auf den Berufserfolg auswirkt[3]. Sollte sich einwandfrei nachweisen lassen, daß zwischen der Motivation und dem Berufserfolg ein stärkerer Zusammenhang besteht als zwischen den Schul- bzw. Studienzensuren und der gleichen Größe oder sollte sich der Berufserfolg auf eine hohe Leistungsmotivation zurückführen lassen, so würde das die Richtigkeit der gegenwärtigen Praxis der Zensierung in Zweifel ziehen. Insbesondere würde der Wert, der den Schulzensuren gemeinhin als „Qualitätsmaßstab" und „Weichensteller" zugesprochen wird, grundsätzlich in Frage gestellt werden müssen. Der Berufserfolg soll dabei genau so verstanden werden wie zuvor im Zusammenhang mit der LM dargestellt, also unter statischen und dynamischen Gesichtspunkten.

§ 11 Einkommenshöhe

Obwohl nicht beabsichtigt ist, die Höhe des bezogenen Einkommens zum alleinigen Kriterium erfolgreicher Berufstätigkeit zu machen, ist die zunehmende Bedeutung dieser Größe als Wertmaßstab nicht zu übersehen. Es erscheint deshalb gerechtfertigt, unser abschließendes Kapitel mit der Analyse der Beziehungen zwischen der LM und der Einkommenshöhe zu beginnen.

Aufgrund der Fragestellung ist sowohl die Höhe des ersten Gehaltes der Testpersonen wie auch die jetzige Einkommenshöhe bekannt. In beiden Fällen muß theoretisch eine positive Beziehung zwischen hoher Motivation und hohem Einkommen angenommen werden.

Für die Prüfung dieser Hypothese wurde eine relativ stark differenzierende Punktwert-Skala gebildet, in der jeweils DM 50,— Gehalt

[3] Vgl. oben, § 9.

einem Punkt entsprechen[4]. Durch eine Teilung der Skala über dem Mittelwert[5] wurden die ursprünglich quantitativen Merkmale in zwei alternative Klassen umgewandelt. Zusätzlich erfolgte noch eine Aufteilung der Gehaltsskala in ein oberes, mittleres und unteres Drittel, wobei der mittlere Bereich bewußt weit gefaßt wurde.

1. Anfangsgehalt

In bezug auf das erste Gehalt bestätigt das vorliegende empirische Zahlenmaterial in der Grundtendenz unsere Annahme. Es scheint eine positive Beziehung zwischen der Leistungsmotivation und der Höhe des ersten Gehaltes zu bestehen. Diese Globalaussage bedarf jedoch genauerer Analyse.

Wie Tabelle B 4 zeigt, erzielten hoch Erfolgsmotivierte häufiger ein überdurchschnittliches Anfangsgehalt[6] als Testpersonen mit geringer „Hoffnung auf Erfolg" (57 % gegenüber 31 %). Der korrelative Zusammenhang von 0.24 ist nicht sehr stark, aber statistisch bedeutsam mit $p < 2$ ($x^2 = 6{,}22$).

Eine solche oder eine inverse Beziehung zwischen der Mißerfolgsmotivierung (FM) und der Höhe des ersten Gehaltes ließ sich nicht feststellen. Es muß demzufolge angenommen werden, daß beide Größen in keinem Zusammenhang stehen.

Als Folge aus diesen Feststellungen sollten sich zwangsläufig bei der Differenzierung beider Motivarten (HE und FM) zur „Netto-Hoffnung" sowie bei der Addition derselben zur „Gesamtmotivation" Beziehungen zur Höhe des Anfangsgehaltes nachweisen lassen.

In bezug auf die Grundrichtung der Motivation (NH) ist diese Beziehung ausgesprochen schwach und wird erst erkennbar bei der Dreiteilung der Gehaltsskala[7]. Selbst dann bleibt der Korrelationskoeffizient nach Tabelle B 5 unter dem Wert von 0.20, den man als Minimum eines Zusammenhanges ansehen muß[8].

Deutlicher ist der Zusammenhang zwischen der Gesamtmotivation und der Höhe des ersten Gehaltes. Aus Tabelle B 6 läßt sich entnehmen, daß hohe Leistungsmotivation (GM) mit einem überdurchschnittlichen

---

[4] Vgl. Tabelle C 1.

[5] Bis auf eine Ausnahme waren Mittelwert und Median einander gleich. Lediglich beim ersten Gehalt ergab sich ein größerer Unterschied. Der MW wurde deshalb zugrundegelegt, weil sich eine günstigere Zellenverteilung ergab.

[6] Mittelwert = 13,3 Punkte (entsprechend einem Gehalt von DM 1 050 bis 1 099.

[7] 16 Punkte und mehr = oberes Drittel, 12—15 Punkte = mittleres Drittel, bis 11 Punkte = unteres Drittel.

[8] Vgl. *Fröhlich*, W. D.: Forschungsstatistik, a.a.O., S. 82.

Anfangsgehalt korreliert (= 0.27, x^2 – 7,873, $p < 1$). 56 % der Hochmotivierten beziehen ein hohes Gehalt gegenüber 28 % der Personen mit unterdurchschnittlicher Leistungsmotivation. Entsprechend sind 72 % der Betriebswirte mit einem hohen Gehalt auch hoch leistungsmotiviert, dagegen nur 44 % derjenigen mit einem unterdurchschnittlichen ersten Gehalt. Die Dreiteilung der Gehaltsskala bringt gegenüber diesen Feststellungen keine zusätzliche Klärung[9].

Während bei differenzierter Betrachtungsweise ein schwacher Zusammenhang zwischen hoher GM bzw. HE und einem überdurchschnittlich hohen Anfangsgehalt nachweisbar ist, scheint eine ähnliche Beziehung hinsichtlich der Leistungsorientierung in Anlehnung an Katona nicht gegeben zu sein. Erst die Untergliederung der Gehaltsskala in drei Bereiche läßt den Eindruck einer inversen Beziehung zwischen beiden Größen entstehen. Auf der Grundlage von Tabelle B 7 muß angenommen werden, daß nicht leistungsorientierte Testpersonen eher ein sehr hohes Anfangsgehalt bezogen als leistungsorientierte. Ähnlich unterschiedliche korrelative Zusammenhänge zwischen der Leistungsmotivation bzw. Leistungsorientierung und anderen Größen wurden bereits bei der Untersuchung der Determinanten der LM festgestellt[10]. Eine überzeugende Erklärung solcher Abweichungen ist auch an dieser Stelle nicht möglich.

In ähnlicher Weise wie die LM scheinen die Semesterleistungen der HWF-Betriebswirte mit der Gehaltshöhe zu korrelieren. Aus den Tabellen B 8 und B 9 ist ein schwacher, aber aufgrund der Dreiteilung in Tabelle B 9 signifikanter Zusammenhang zwischen guten Semesterleistungen und einem hohen Anfangsgehalt erkennbar. Verwischt wird dieses Bild teilweise durch die Analyse der erst später erhobenen Abschlußnoten. Mit Ausnahme der Betriebswirte, die neben dem Prädikat „gut" die Hochschulreife erwarben, ist keine Beziehung zwischen der Abschlußnote und der Gehaltshöhe erkennbar (vgl. Tabellen B 10 und B 11).

Aber selbst die schwache Beziehung zwischen der Semesterleistung und der Höhe des Anfangsgehaltes ist nicht geeignet, den zuvor festgestellten korrelativen Zusammenhang zwischen der HE bzw. GM und der Gehaltshöhe zu verwischen. Das geht relativ eindeutig aus den dreidimensionalen Tabellen B 29 und B 30 hervor. Selbst Betriebswirte, die schwach erfolgsmotiviert bzw. schwach leistungsmotiviert sind, aber gute und sehr gute Semesterleistungen aufweisen können, erreichen wesentlich seltener ein überdurchschnittliches Anfangsgehalt als alle anderen Zensurengruppen der hoch Erfolgs- bzw. Leistungsmotivierten.

---

[9] Vgl. Tabelle B 1.

[10] Vgl. oben, § 7.

Es läßt sich somit feststellen, daß eine hohe LM — insbesondere eine starke Erfolgsmotivierung — mit der Höhe des ersten Einkommens in einem positiven Zusammenhang steht, der klarer ist als die Beziehung zwischen der Studienzensur und dem Anfangsgehalt[11].

2. Jetziges Gehalt

Wie im Zusammenhang mit dem Anfangsgehalt wird unsere Arbeitshypothese über die Beziehung zwischen der LM und dem Einkommen auch in bezug auf das jetzige Gehalt durch das vorliegende Zahlenmaterial im Prinzip verifiziert[12].

Auch in diesem Zusammenhang scheint eine schwache Beziehung zwischen der HE und der Gehaltshöhe zu bestehen. Stark erfolgsmotivierte Personen erzielen demzufolge derzeit häufiger ein überdurchschnittliches[13] und sehr hohes[14] Gehalt (vgl. Tab. B 1 und B 2). Die Korrelationskoeffizienten genügen jedoch nicht den Anforderungen der Statistik und können deshalb nur in ihrer Grundtendenz akzeptiert werden.

Die Analyse der Motivart FM läßt auch hier zunächst keine Beziehung zur Höhe des Gehaltes erkennen. Erst bei einer Gegenüberstellung der Extremwerte auf beiden Seiten — Dreiteilung sowohl der FM- wie der Gehaltsskala — erscheint ein schwacher Zusammenhang. Danach hat es den Anschein, als ob die Höhe des Gehaltes parallel zur Stärke der Mißerfolgsmotivierung ansteige (vgl. Tabelle B 12). Das würde eine gleichlaufende Tendenz zu unseren Feststellungen hinsichtlich der HE und GM bedeuten. Es bleibt aber zu berücksichtigen, daß dieser Zusammenhang erst nach Manipulation des Zahlenmaterials erkennbar wurde.

Wie im Zusamenhang mit dem Anfangsgehalt scheint eine äußerst schwache Beziehung zwischen der Grundrichtung der Motivation und der Gehaltshöhe zu bestehen, und zwar scheint ein Überwiegen der Motivart HE über FM (= + NH) mit einem höheren Einkommen einherzugehen.

---

11 Das entspricht grundsätzlich folgenden Feststellungen Morgans: "The Highs are three times as likely as the Lows to have started in a high-status occupation and to have stayed there. The Highs are much less likely to have started in a low-status occupation and remained there." Vgl. *Morgan*, J. M.: The achievement motive and economic behavior, a.a.O., S. 255.

12 Verteilung in Tabelle C 2.

13 Mittelwert = 15,3 Punkte (entsprechend einem Gehalt von DM 1 150 bis 1 199).

14 18 Punkte und mehr = oberes Drittel, 13—17 Punkte = mittleres Drittel, bis 12 Punkte = unteres Drittel.

Ebenso zeigen die Tabellen B 1 + B 2, daß bei Personen mit hoher GM häufiger ein überdurchschnittliches und sehr hohes Einkommen zu finden ist. Aussagefähig und signifikant wird diese Korrelation jedoch erst nach der Dreiteilung beider Skalen mit 0.24 und $p < 10$ bei zwei Freiheitsgraden (vgl. Tabelle B 13).

Zwischen der Leistungsorientierung und der Höhe des jetzigen Gehaltes besteht in Übereinstimmung mit den Feststellungen im vorigen Abschnitt keine oder eine schwach inverse Beziehung.

Genau wie das Anfangsgehalt korreliert die Höhe des jetzigen Gehaltes schwach mit der Semesterleistung. Aus Tabelle B 14 ergibt sich, daß bessere Studierende häufiger ein höheres Einkommen beziehen. Teilweise widersprüchlich sind erneut die empirischen Werte im Zusammenhang mit der Abschlußnote, und zwar insbesondere in bezug auf die „guten" HWF-Betriebswirte (vgl. Tabelle B 15).

Die Beziehung zwischen guten Semesterleistungen und hohem Einkommen bleiben selbst bei Aufspaltung der hoch bzw. niedrig Erfolgs- und Leistungsmotivierten nach der Semesterleistung grundsätzlich erkennbar. Die Werte in den Tabellen B 31 und B 32 lassen jedoch — trotz der niedrigen Zahlen — wiederum erkennen, daß sowohl hohe HE wie hohe GM mit der Einkommenshöhe in einem stärkeren Zusammenhang stehen als gute Semesterleistungen und bestätigen damit unsere Hypothese.

Alles in allem muß festgehalten werden, daß die Zusammenhänge zwischen der LM und der Gehaltshöhe nur schwach ausgeprägt sind. Die Koeffizienten liegen weitgehend nahe der Grenze, die man als Beweis einer vorhandenen Beziehung ansehen muß.

Zwischen der LO und dem Einkommen konnte kein klarer Zusammenhang festgestellt werden. Vielmehr entstand zum Teil der Eindruck einer inversen Beziehung zwischen der Leistungsorientierung und der Einkommenshöhe. Dagegen ist ein korrelativer Zusammenhang zwischen „guten" Semesterleistungen und einem überdurchschnittlichen Einkommen nicht zu übersehen. Diese Beziehung erscheint einleuchtend, wird aber überlagert durch den klareren Zusammenhang zwischen der Motivation — als HE und GM — und einer überdurchschnittlichen Einkommenshöhe.

§ 12 Relative Einkommensänderung

Auf der Basis der eingangs unserer Untersuchung gegebenen Definition der Leistungsmotivation als „das Bestreben, die eigene Tüchtigkeit in allen jenen Tätigkeiten zu steigern oder möglichst hoch zu halten, in denen man einen Gütemaßstab für verbindlich hält und deren Ausführung deshalb mißlingen oder gelingen kann“[15] und unter Berücksichtigung des Eindruckes, daß die Einkommenssteigerung weitgehend als Maßstab der Tüchtigkeit und des Erfolges anerkannt wird, ist theoretisch eine klare Beziehung zwischen hoher Leistungsmotivation und schnellem Gehaltsanstieg zu erwarten.

Wie die Höhe des Gehaltes wird auch die Einkommensveränderung in Punkten bewertet, und zwar ermittelt aus der Gegenüberstellung der Punkte des Anfangsgehaltes und denen des augenblicklichen Gehaltes[16]. Der durchschnittliche Einkommensanstieg lag in unserem Fall bei + 1,95 Punkten (entsprechend knapp DM 100)[17].

Aufgrund von Tabelle B 1 entsteht der Eindruck, daß hoch Erfolgsmotivierte häufiger einen überdurchschnittlichen — + 2 Punkte und mehr — Gehaltszuwachs aufzuweisen haben. Von einem statistischen Zusammenhang zwischen beiden Werten kann jedoch erst nach einer Dreiteilung der Skala der Einkommensveränderung gesprochen werden[18]. Die Korrelation ist nach Tabelle B 16 schwach, aber gerade noch statistisch bedeutsam.

Da in bezug auf die „Furcht vor Mißerfolg“ kein korrelativer Zusammenhang festgestellt werden konnte, ist es nicht verwunderlich, daß sich die äußerst schwache Beziehung zwischen HE und Einkommensänderung in der „Netto-Hoffnung“ und in der Grundauswertung der Gesamtmotivation kaum niederschlägt.

Dagegen taucht ein bemerkenswerter Zusammenhang auf, wenn man die extrem Leistungsmotivierten — sehr hoch oder sehr niedrig GM — in bezug auf die Einkommensänderung analysiert. Aus Tabelle B 17 resultiert ein korrelativer Zusammenhang von 0.43 ($x^2 = 8{,}68$, $p < 1$) zwischen sehr hoher Gesamtmotivation und einem überdurchschnittlichen Gehaltsanstieg. 88 % der Personen mit sehr hoher GM haben ihr Einkommen überdurchschnittlich steigern können gegenüber 40 % derer mit sehr niedriger GM. Ebenso klar sind die Prozentwerte in der Gruppe der Betriebswirte mit unterdurchschnittlicher Einkommensveränderung. Bei nur 14 % dieser Testteilnehmer war eine sehr hohe Gesamtmotivation festgestellt worden. Grundsätzlich bestätigt werden diese Zusammenhänge, wenn man wie in Tabelle B 2 auch die Einkommensveränderung in 3 Zellen zerlegt. Der Koeffizient erreicht zwar nicht die gleiche Höhe, ist aber mit 0.34 noch höchst signifikant. Zu beachten ist jedoch in beiden Fällen die geringe Höhe der Basiszahlen.

---

[15] Vgl. oben, § 2.

[16] Vgl. Häufigkeitsverteilung in Tabelle C 3.

[17] Mittelwert = 1,95 — Median = 1,87 Punkte.

[18] + 4 Punkte und mehr = hoher Anstieg, ± 0 bis + 3 Punkte = mittlere Veränderung, − 1 bis − 13 Punkte = negative Veränderung.

Kein Zusammenhang besteht dagegen zwischen der Leistungsorientierung einerseits und der Einkommensveränderung andererseits.

Das gleiche gilt weitgehend für die Analyse der Semesterleistungen. Tabelle B 33 zeigt klar, daß eine überdurchschnittliche Einkommenssteigerung wesentlich eher mit einer hohen Erfolgsmotivierung einhergeht als das bei besseren Semesterleistungen der Fall ist. Andererseits darf nicht übersehen werden, daß innerhalb der Gruppe der schwach Erfolgsmotivierten der Prozentsatz von Betriebswirten mit überdurchschnittlicher Gehaltssteigerung parallel mit sinkender Semesterleistung abnimmt[19].

Solche — selbst in bezug auf die HE und die GM nicht immer völlig überzeugenden — Ergebnisse entsprechen bei weitem nicht unseren Erwartungen, obwohl sie hinsichtlich der HE und GM unsere Hypothese nicht falsifizieren. Der Grund dafür kann ein vielfacher sein.

Vermutlich war der Zeitraum von etwa 14 Monaten seit dem Verlassen der HWF zu kurz, um einen wesentlichen Gehaltsaufstieg zu ermöglichen[20]. Es erscheint insofern plausibel, daß der Zusammenhang zwischen der Motivation und absoluten Einkommenshöhe grundsätzlich klarer erkennbar ist, da sich beim Abschluß des Dienstvertrages Motivation und evtl. Studienleistung bereits für einige Zeit unveränderlich ausgewirkt haben könnten[21].

Denkbar ist auch, daß unsere Testpersonen durchaus einen Aufstieg unter anderen als finanziellen Gesichtspunkten erfahren haben. Häufig scheint im kaufmännischen Bereich — und nur dieser ist hier berücksichtigt — ein Aufstieg in der Funktion und Position einem wesentlichen Gehaltsaufstieg voranzugehen (Bezahlung in Sozialprestige). Eine Ausnahme dürften nur die relativ wenigen Bereiche kaufmännischer Tätigkeit bilden, in denen eine strikte Anwendung von Tarifen für alle Beschäftigten praktiziert wird (z. B. öffentlicher Dienst — neuerdings nach BAT sogar hier Bewährungsaufstieg).

Letztlich wäre in diesem Zusammenhang zu überlegen, ob dem Einkommen und dessen Veränderung überhaupt die eingangs dieses Paragraphen hypothetisch unterstellte überragende Bedeutung als Wertmesser der Berufstätigkeit zukommt. Unter Berücksichtigung der Feststellungen im § 4 des I. Kapitels scheint das nicht — zumindest für die untersuchte Bevölkerungsgruppe — unbedingt der Fall zu sein. Wäh-

---

19 Grundsätzlich scheint der Zusammenhang zwischen den Semesterleistungen und dem Gehalt in der Gruppe der Betriebswirte mit geringer Erfolgsmotivierung bzw. geringer Leistungsmotivation (GM) klarer zu sein, als unter jenen mit hoher Erfolgs- und Leistungsmotivierung. Vgl. dazu Tabellen B 29 und 30, 31, 32, 33.

20 Vgl. oben, § 5.

21 Vgl. Fußnote 11, § 11.

rend nach dem Auswertungsverfahren Katonas 92,1 % der Mitglieder unserer Testgruppe als „erfolgsorientiert“ klassifiziert werden mußten, erstrebten nur 8,7 % eine Einkommensmaximierung, d. h., sie sahen ein hohes Einkommen als das wichtigste an einem Beruf an. Die deutliche Mehrheit — ¾ der Befragten — sah demzufolge den Beruf nicht unter finanziellen Aspekten, sondern betonte die Wichtigkeit guter Aufstiegsmöglichkeiten und interessanter Arbeit[22].

Es wird im folgenden zu klären sein, ob sich unsere Grundhypothese über die Beziehungen zwischen der Leistungsmotivation und dem Berufserfolg, die in bezug auf die finanzielle Seite des Berufserfolges nur sehr bedingt bestätigt wurde, unter anderen Aspekten aufrechterhalten oder verifizieren läßt. Zunächst verdient jedoch festgehalten zu werden, daß die Höhe des Gehaltes sowie die Veränderung desselben in keinem aussagefähigen Zusammenhang mit der Leistungsorientierung und nur in einem sehr schwachen mit der Semesterleistung stehen.

§ 13 Funktionsaufstieg

Es wurde bereits darauf hingewiesen, daß die Ermittlung des Funktionsaufstieges erheblichen Schwierigkeiten zu begegnen hat und nur durch eine Analyse der Veränderungen in der Funktion annäherungsweise möglich ist.

Das geschieht durch einen Vergleich der Informationen über die Anfangstätigkeit im ersten Unternehmen mit der augenblicklichen Tätigkeit[23]. Dabei werden grundsätzlich die Einordnung in die Betriebshierarchie, die genaue Beschreibung der Funktion, die Einordnung in die Ebenen des Unternehmens und die Anzahl der Ebenen unter der eigenen berücksichtigt. Sofern die Testperson die Anfangsstellung nicht gewechselt hat, läßt sich aus der Gegenüberstellung dieser Informationen — ausgedrückt in Punkten[24] — ohne große Schwierigkeit eine Veränderung erkennen, die sowohl Aufstieg wie Abstieg darstellen kann.

---

[22] Vgl. oben, § 4. Interessant — wenn auch nicht unbedingt vergleichbar — sind in diesem Zusammenhang die Ergebnisse einer Untersuchung schweizerischer ETH-Studenten: „Gemäß ihrer stärkeren Affinität zum Unternehmerischen erwarten die N eher ein höheres Einkommen als die E, denen der Verdienst gegenüber der fachlichen Befriedigung eher sekundär erscheint, und die deshalb häufiger angeben, das Einkommen habe der Leistung zu entsprechen, und entscheidend sei die fachliche Befriedigung, nicht die Entlöhnung.“ (N = Nicht-Erfolgreiche, E = Erfolgreiche — im Leistungstest — Erklärung vom Verfasser). *Biäsch*, H. und *von Tobel*, J.: Beiträge zur Talentforschung, a.a.O., S. 440.

[23] Vgl. Fragen II. 1—8 und III. 1—8 des Fragebogens.

[24] Z. B. Frage 4: Leiter eines Gesamtbereiches = 1, Stellvertr. Leiter eines Gesamtbereiches = 2.

Unbedingt zuverlässige Maßstäbe fehlen in den Fällen, in denen die Anfangsstellung gewechselt wurde. Zusätzlich zu den genannten Größen müssen deshalb der Wirtschaftszweig des Unternehmens und die Betriebsgröße Berücksichtigung finden. Dabei werden die Code-Punkte des Fragebogens zur Betriebsgröße wie die der Hierarchie und der Ebene als Rangreihe aufgefaßt. Veränderungen in den Punktwerten werden ohne besondere Gewichtung miteinander verrechnet. Das ist sicherlich ein teilweise willkürliches Vorgehen, andererseits können subjektive Interpretationen auf diese Weise weitgehend ausgeschaltet werden. Solche subjektiven Faktoren kommen möglicherweise durch die Berücksichtigung des Wirtschaftszweiges — aber nur in wenigen Grenzfällen notwendig[25] — in die Untersuchung hinein.

Auf diese Weise läßt sich unsere Testgruppe hinsichtlich des Funktionsaufstieges in drei Zellen zerlegen:

1. Personen mit Funktionsaufstieg;
2. Personen, deren Funktion sich nicht änderte und sofern kein Stellenwechsel erfolgte;
3. Personen, die einen Abstieg in der Funktion hinnehmen mußten.

Zur dritten Gruppe werden auch jene Betriebswirte gezählt, die sich bei einem Arbeitsplatzwechsel funktionsmäßig nicht verbesserten (also grundsätzlich in die Gruppe 2 fallen würden). Dabei wird angenommen, daß ein Wechsel des Arbeitsplatzes, der nicht mit einem Aufstieg verbunden ist, eher einem Abstieg gleichkommt.

Es mag überraschen, daß sich trotz der nicht voll befriedigenden Ermittlung der Funktionsveränderung, die eher als ein grober Hinweis aufzufassen ist, aus den empirischen Unterlagen relativ klare Beziehungen zwischen der Leistungsmotivation und dem Funktionsaufstieg erkennen lassen.

Bei einer Gegenüberstellung der Gruppen „Funktionsaufstieg" und „Funktionsabstieg"[26] in Tabelle B 18 zeigt sich eine sehr bemerkenswerte und höchst signifikante Korrelation von 0.49 ($x^2 = 10{,}084$, $p < 1$) zwischen hoher Erfolgsmotivierung und einem Funktionsaufstieg. Von den Betriebswirten, die einen Funktionsaufstieg erfuhren, waren zuvor 70 % als erfolgsmotiviert klassifiziert worden, von denen, die in

---

[25] Ca. 60 % der Testpersonen waren und sind im verarbeitenden Gewerbe tätig. Daneben spielen so gut wie ausschließlich der Handel und der Dienstleistungssektor eine Rolle. Das hat eine relativ gute Vergleichbarkeit zur Folge (vgl. Anhang).

[26] Es werden in diesem Falle also nur diejenigen berücksichtigt, die sich in der Funktion veränderten. Der Verfasser ist sich der Tatsache bewußt, daß ein solches Vorgehen von der statistischen Methodenlehre her nicht unangreifbar ist. Aus diesem Grunde erfolgt eine Absicherung der Aussagen unter Einschluß aller Testpersonen.

der Funktion abstiegen, aber nur 16 %. 84 % der Testpersonen mit hoher HE, bei denen eine Funktionsveränderung erkennbar war, erlebten einen Funktionsaufstieg gegenüber 30 % derer mit niedriger HE.

Auch wenn auf die Ausklammerung der Gruppe ohne Funktionsveränderung verzichtet wird und stattdessen eine Dreiteilung der HE-Skala erfolgt, läßt sich nach Tabelle B 19 ein statistisch sehr bedeutsamer korrelativer Zusammenhang zwischen sehr hoher Erfolgsmotivierung und dem Funktionsaufstieg nachweisen.

Nur geringfügig schwächer ausgeprägt als die zuvor festgestellte Beziehung zwischen hoher HE und dem Funktionsaufstieg ist eine solche, die zwischen der Gesamtmotivation und der Funktionsveränderung besteht. Genau wie eine hohe Erfolgsmotivierung korreliert eine hohe Leistungsmotivation insgesamt (GM) mit dem Funktionsaufstieg. Tabelle B 20 zeigt einen Korrelationskoeffizienten von 0.43 ($x^2 = 7{,}766$, $p < 1$). Dabei ist ebenfalls die große Gruppe derjenigen, die sich funktionsmäßig nicht veränderten, ausgeklammert. In Tabelle B 21 dagegen ist diese Zelle mitberücksichtigt. Der daraus resultierende korrelative Zusammenhang von 0.36 ($x^2 = 18{,}895$, $p < 1$, bei 2 *df*) ist noch beachtlich.

Neben der Feststellung, daß ein schneller Funktionsaufstieg unter erfolgsmotivierten (+ HE) und hoch leistungsmotivierten Betriebswirten erheblich häufiger zu finden ist, gestattet das vorliegende Material kaum weitere fundierte Aussagen. Die FM, die NH, die Leistungsorientierung sowie die Semesterleistung stehen in keiner nennenswerten Beziehung zum Funktionsaufstieg. Lediglich im Zusammenhang mit der Abschlußnote entsteht das Bild einer eher inversen Beziehung. Tabelle B 22 läßt den Eindruck entstehen, als ob Betriebswirte mit schlechteren Abschlußnoten eher einen Aufstieg in der Funktion erreichten — eine Ausnahme bilden zum Teil Absolventen mit „gut plus Hochschulreife“.

Als Fazit kann in diesem Zusammenhang festgestellt werden, daß die Annahme einer positiven Beziehung zwischen hoher Leistungsmotivation und einem Funktionsaufstieg in bezug auf die HE und die FM in überzeugender Weise verifiziert wurde.

§ 14 Positionsaufstieg

Der Begriff „Positionsaufstieg“ ist um einiges weiter gefaßt als der des zuvor analysierten Funktionsaufstieges. Er basiert insofern auf der Funktion, als er von den — positiven oder negativen — Differenzpunkten der Funktion bzw. von null bei Fehlen einer Funktionsänderung ausgeht und zusätzlich die Fragen 9/10 und 12/13 des Fragebogens berücksichtigt[27]. Letzteres geschieht jedoch nur insoweit, wie sich aus dem Vergleich der Anfangsstellung mit der heutigen Position eine Veränderung erkennen läßt. Eine solche Änderung kann je Frage mit einem Punktwert von + 1 oder − 1 bewertet werden[28]. Nach Zusammenfassung der Punktwerte ist die gleiche Zellenbildung wie im vorangehenden Paragraphen möglich:

1. Positionsaufstieg (positiver Punktwert),
2. unveränderte Position,
3. Positionsabstieg (negativer Punktwert).

Die Untersuchung dieser drei Gruppen auf ihren Bezug zur Leistungsmotivation hin fördert noch klarere Beziehungen zutage als sie zuvor im Hinblick auf den Funktionsaufstieg ermittelt wurden.

In Tabelle B 23 sind wiederum die Gruppen 1 und 3 erfaßt; die Personen, deren Position unverändert war, wurden ausgeklammert. Der korrelative Zusammenhang, der zwischen hoher HE und dem Positionsaufstieg besteht, ist trotz der relativ niedrigen Basiszahl mit 0.57 sehr bemerkenswert. Dieser Koeffizient ist statistisch höchst signifikant ($p < 1$, $x^2 = 15{,}595$). Von den erfolgsmotivierten HWF-Betriebswirten, deren Position sich änderte, konnten sich 92 % nach oben verändern; der entsprechende Wert für die schwach Erfolgsmotivierten ist 33 %. Aus der Gruppe derer, die sich in der Position verschlechterten, sind nur 13 % erfolgsmotiviert.

Wie bereits in anderem Zusammenhang mehrfach festgestellt wurde, ergibt sich auch hier eine parallele Beziehung bei der Untersuchung der Gesamtmotivation. 89 % der hoch Leistungsmotivierten, deren Position sich veränderte, konnten sich verbessern. Dagegen sind nur 19 % der durch einen Positionsabstieg charakterisierten Gruppe noch leistungsmotiviert. Die Korrelation zwischen hoher GM und dem Aufstieg in der Position ist mit 0.52 recht deutlich ($x^2 = 12{,}709$, $p < 1$ — vgl. Tabelle B 24).

Noch klarer wird der statistische Zusammenhang, wenn man wie in Tabelle B 2 nur die extrem (hoch oder niedrig) Leistungsmotivierten zum Positionsaufstieg in Beziehung setzt. 88 % der sehr hoch Leistungsmotivierten konnten in der Position aufsteigen, ebenfalls 88 % der niedrig Leistungsmotivierten mußten sich einen Abstieg in der Position

---

27 Vgl. Fragen II. 9/10 und 12/13 sowie in der Gegenüberstellung III. 9/10 und 12/13, Anhang.

28 Falls beispielsweise in der Anfangsposition jemand einen Dienstwagen fuhr, jetzt aber nicht mehr, so wird dieser Tatbestand mit — 1 Punkten verrechnet; entsprechend, wenn jemand zuerst geringe Möglichkeiten zu selbständigem Handeln hatte, jetzt aber große, erfolgt eine Bewertung mit + 1. Dabei bleibt unberücksichtigt, ob ein Firmenwechsel erfolgte oder nicht.

gefallen lassen. Der Korrelationskoeffizient liegt mit 0.63 sehr hoch ($x^2 = 6{,}350$). Die statistische Signifikanz liegt allerdings aufgrund der sehr kleinen Ausgangszahl etwas niedriger ($p < 2$).

Nach den Ergebnissen der voraufgegangenen Paragraphen überrascht es nicht mehr, wenn hier auch in bezug auf den Positionsaufstieg innerhalb der Motivart FM und hinsichtlich der Grundrichtung der Motivation (NH) kein aussagefähiger Zusammenhang festgestellt werden kann.

Dagegen scheint der Positionsaufstieg in einer sehr schwachen positiven Beziehung zur Leistungsorientierung nach Katona zu stehen (vgl. Tabelle B 3), während im Zusammenhang mit der Abschlußnote erneut eine inverse Beziehung erscheint.

Alles in allem ist der Zusammenhang zwischen der Leistungsmotivation und dem Positionsaufstieg deutlich erkennbar. Die grundsätzliche Möglichkeit einer Scheinkorrelation — bedingt durch die Abschlußnoten — kann aufgrund der Tabellen B 34 und B 35 sowohl für die HE wie für die GM ausgeschlossen werden. Beide Tabellen beweisen gleichermaßen, daß die Abschlußnoten nicht geeignet sind, das Bild der klaren Beziehung zwischen der Leistungsmotivation und dem Positionsaufstieg zu verwischen, ja, nicht einmal geringfügig zu stören.

§ 15 Berufsaufstieg

Die bisher festgestellten Zusammenhänge zwischen der LM und verschiedenen statischen und dynamischen Aspekten des Berufserfolges sind unterschiedlich ausgeprägt. Es soll im folgenden versucht werden, alle dynamischen Aspekte des Berufserfolges in einer globalen Größe — Berufsaufstieg — zusammenzufassen und auf eine theoretisch anzunehmende Beziehung zur Leistungsmotivation hin zu überprüfen.

Dazu wird ausgegangen von der Positionsveränderung — die wiederum auf der Funktionsänderung basiert — und zusätzlich die relative Einkommensänderung berücksichtigt. Angesichts des dargestellten schwachen Zusammenhanges zwischen der LM und der Einkommensveränderung[29] und der weiten Streuung letzterer Größe[30] erscheint eine geringere Gewichtung der Einkommensveränderungs-Punkte gegenüber den anderen Aspekten geboten. Das geschieht, indem alle über dem Mittelwert (+ 1,95 Punkte) liegenden Gehalts-Anstiegs-Punkte nur mit 0,5 bewertet und entsprechend mit den Punkten der Positionsveränderung verrechnet werden.

Nicht als Aufsteigen im Beruf werden darüber hinaus alle jene Fälle angesehen, bei denen der Gehaltsanstieg unterdurchschnittlich (weniger

[29] Vgl. oben, § 12.
[30] Vgl. Tabelle C 3.

als + 2 Punkte) ist *oder* bei denen die Beurteilung der eigenen Kenntnisverwertung und Selbständigkeit[31] ausgesprochen negativ — „gar keine" — ist.

Mittels dieser verschärften Grenzziehung ist es möglich, den großen Block derer, die sich in Funktion und Position nicht veränderten, aufzuspalten und für die Berechnung der Koeffizienten maximal große Zellen zu sichern. Alle Testpersonen, die sich nicht als „Berufsaufsteigler" qualifizieren konnten, bilden die Alternativgruppe „kein Berufsaufstieg".

Unsere Annahme über das Bestehen einer Beziehung zwischen der LM und dem Berufsaufstieg wird durch Tabelle B 25 in bezug auf die „Hoffnung auf Erfolg" in überzeugender Weise bestätigt. Selbst bei einer größeren Basiszahl qualifizieren sich 70 % der hoch Erfolgsmotivierten als „Betriebswirte mit Berufserfolg". Von den Testpersonen mit geringer HE erreichten nur 25 % einen Berufsaufstieg. Unter den beruflich aufsteigenden Betriebswirten besaßen 73 % eine hohe HE gegenüber nur 28 % derer ohne Berufsaufstieg. Der Korrelationskoeffizient, der über die Ausprägung des Zusammenhanges zwischen starker Erfolgsmotivierung und dem Berufserfolg informiert, ist mit 0.43 beachtlich. Sehr klar in diesem Zusammenhang ist die Höhe des CHI^2 von 20,154, was ausreichen würde, selbst bei 9 Freiheitsgraden als signifikant bei $p < 1$ zu gelten[32].

Der korrelative Zusammenhang wird noch klarer, wenn man nur die extrem Erfolgsmotivierten im Zusammenhang mit dem Berufsaufstieg analysiert. In Tabelle B 26 tauchen sowohl bei den Zeilen- wie bei den Spaltenprozenten 100 %-Werte auf. Das führt trotz der niedrigen Basis zu einem Koeffizienten von 0.65 ($x^2 = 8{,}873$, $p < 1$) und bedeutet, daß man bei extrem stark Erfolgsmotivierten mit größter Wahrscheinlichkeit einen schnellen Berufsaufstieg erwarten muß.

Während erneut keine Zusammenhänge — weder positive noch negative — zur Mißerfolgsmotivierung festgestellt werden konnten, scheint der Zusammenhang zwischen der positiven Grundrichtung der Motivation (+ NH) und dem Berufsaufstieg nur schwach zu sein (vgl. Tabelle B 1).

Im Gegensatz dazu ist wieder eine deutliche Beziehung zwischen der GM und dem globalen Berufsaufstieg nachweisbar. Wie Tabelle B 27 zeigt, sind hoch leistungsmotivierte HWF-Betriebswirte signifikant häufiger beruflich erfolgreich (0.33, $x^2 = 11{,}87$, $p < 1$) als Personen mit einer niedrigen GM. Bei einer Gegenüberstellung der extrem hoch und niedrig motivierten Testpersonen wird die Beziehung zum Berufsauf-

---

31 Fragen III. 12/13 im Fragebogen.

32 Vgl. *Fröhlich*, W. D.: Forschungsstatistik, a.a.O., S. 115.

stieg noch klarer erkennbar (vgl. Tabelle B 28). 88 % der sehr hoch Leistungsmotivierten schafften in etwa 14 Monaten Berufstätigkeit einen Berufsaufstieg. Der korrelative Zusammenhang zwischen sehr hoher Leistungsmotivation und einem schnellen Berufsaufstieg erreicht die Höhe von 0.59 ($x^2 = 13{,}228$, $p < 1$).

So wie der Positionsaufstieg scheint auch der Berufsaufstieg mit der Leistungsorientierung in einem schwachen positiven Zusammenhang zu stehen (vgl. Tabelle B 3), während die Beziehungen zur Semesterleistung und zur Abschlußnote erneut nicht ausgeprägt sind.

Obwohl es grundsätzlich gelungen ist, auch den umfassenden objektivierten Berufsaufstieg auf eine ausgeprägte Leistungsmotivation — hohe „Hoffnung auf Erfolg" und hohe „Gesamtmotivation" — zurückzuführen, soll das Bild durch die Auswertung der subjektiven Beurteilung der eigenen beruflichen Situation durch die Testpersonen abgerundet werden. Danach stehen eine hohe HE, eine hohe GM und gute Abschlußzensuren in einer positiven Beziehung zur Antwort 1 — „Ich bin meinen Fähigkeiten entsprechend eingesetzt" — der Frage III.14 unseres Fragebogens (vgl. Tabellen B 1 und B 2). Testpersonen mit überdurchschnittlicher Mißerfolgsmotivierung (+ FM) und überdurchschnittlicher Leistungsorientierung entscheiden sich dagegen häufiger für die Antwort 2 — „Viele meiner Fähigkeiten liegen hier brach" — (vgl. Tabellen B 1 und B 2). Die entsprechenden Korrelationskoeffizienten sind in der Mehrzahl aussagefähig und signifikant[33].

Nach diesen Feststellungen scheint es angezeigt, im folgenden Abschnitt die Ergebnisse der Untersuchung zusammenzufassen.

§ 16 Ergebnisse

Grundsätzlich ist es in dieser Untersuchung gelungen, den Berufserfolg weitgehend auf ein Motivationsphänomen zurückzuführen.

Die letztlich auf den Forschungsergebnissen McClellands basierende Vermutung, daß die Leistungsmotivation und der Berufserfolg in einer positiven Beziehung zueinanderstehen, wurde empirisch verifiziert. Da es möglich war, denkbare störende Einflußgrößen weitgehend zu kontrollieren, kann nunmehr der Erfolg im Beruf mit ziemlich großer Sicherheit auf eine hohe, allerdings speziell geartete Leistungsmotivation zurückgeführt werden. Im Zusammenhang mit dieser Aussage ist es jedoch erforderlich, die Vielschichtigkeit der festgestellten Zusammenhänge zu betonen, wobei einzelne Scheinkorrelationen nicht unbedingt ausgeschlossen werden können. Deshalb sollen im folgenden die

---

33 Ein ähnliches, aber nicht ganz so klares Bild ergibt die Auswertung der Fragen III. 15 und III. 16 des Fragebogens.

relativ gut gesicherten Erkenntnisse thesenartig zusammengefaßt werden:

Die Erfolgsmotivierung (+ HE) korreliert alles in allem am deutlichsten mit allen analysierten Aspekten des Berufserfolges.

— Die Beziehung zwischen der „Hoffnung auf Erfolg" und der Höhe des anfänglichen sowie des jetzigen Einkommens und der relativen Einkommensveränderung ist nicht sehr stark.
— Der Funktionsaufstieg steht in einem deutlichen Zusammenhang mit hoher HE (0.49, $x^2 = 10{,}084$, $p < 1$).
— Noch deutlicher läßt sich der Positionsaufstieg auf eine hohe Erfolgsmotivierung zurückführen. Der entsprechende Korrelationskoeffizient ist 0.57 ($x^2 = 15{,}595$, $p < 1$).
— Eine ähnlich klare Beziehung besteht zwischen der HE und dem globalen Berufsaufstieg (0.43, $x^2 = 20{,}154$, $p < 1$). Der korrelative Zusammenhang wird noch deutlicher, wenn nur die extrem Motivierten herangezogen werden, und zwar erreicht der Koeffizient die Höhe von 0.65 ($x^2 = 8{,}873$, $p < 1$).

Kaum weniger ausgeprägt und den Feststellungen zur HE grundsätzlich ähnlich ist der Zusammenhang, der zwischen hoher Leistungsmotivation (+ GM) und dem Berufserfolg ermittelt wurde.

— Auch hier ist der Zusammenhang mit der Höhe des Einkommens wenig ausgeprägt. Sehr stark Gesamtmotivierte erhöhen jedoch ihr Einkommen wesentlich häufiger überdurchschnittlich (0.43, $x^2 = 8{,}680$, $p < 1$).
— Der Funktionsaufstieg korreliert deutlich mit hoher Gesamtmotivation (0.43, $x^2 = 7{,}766$, $p < 1$).
— Das gleiche gilt für die Beziehung zwischen der GM und dem Positionsaufstieg, die mit 0.52 ($x^2 = 12{,}709$, $p < 1$) höchst bemerkenswert ist. Bei der Gegenüberstellung der extrem Motivierten in bezug auf den Positionsaufstieg erreicht der Korrelationskoeffizient sogar die Höhe von 0.63 ($x^2 = 6{,}350$ – $p < 2$ — kleine Basis).
— Nicht mit der gleichen Deutlichkeit läßt sich der umfassende Berufserfolg auf eine hohe GM zurückführen (0.33, $x^2 = 11{,}87$, $p < 1$). Überzeugend ist in diesem Zusammenhang jedoch wieder die Analyse der extrem hoch oder niedrig Leistungsmotivierten, die zwischen sehr hoher GM und dem Berufsaufstieg eine korrelative Beziehung von 0.59 ($x^2 = 13{,}228$, $p < 1$) aufzeigt.

Unter Berücksichtigung der zuvor getroffenen Feststellungen muß der Zusammenhang zwischen der Grundrichtung der Motivation (NH) und einzelnen Aspekten des Berufserfolges — soweit überhaupt nachweisbar — als äußerst schwach bezeichnet werden.

Die Ausprägung der Mißerfolgsmotivierung (FM) steht in keinem überzeugenden Zusammenhang mit dem Berufserfolg.

Die Leistungsorientierung in Anlehnung an Katona korreliert nur — äußerst schwach — mit einigen Aspekten des Berufserfolges. Dabei müssen widersprüchliche Ergebnisse konstatiert werden.

Keine klare Beziehung besteht zwischen der Studienleistung — als durchschnittliche Semester- und Abschlußzensur — und dem Berufserfolg. Lediglich das Anfangs- und das jetzige Gehalt scheinen unter „besseren" HWF-Betriebswirten häufiger überdurchschnittlich zu sein. Diese Zusammenhänge sind jedoch nicht geeignet, die nachgewiesenen Beziehungen zwischen der Leistungsmotivation und dem Berufserfolg zu verwischen oder zu Scheinkorrelationen zu führen.

Alles in allem sind die mit Abstand klarsten Beziehungen zwischen der Leistungsmotivation und dem Berufserfolg hinsichtlich der Motivart „Hoffnung auf Erfolg" und der „Gesamtmotivation" zu finden. Das bedeutet, daß sich ein überdurchschnittlicher und schneller Berufserfolg — möglicherweise neben anderen Größen — weitgehend auf eine hohe Erfolgsmotivierung sowie auf eine starke Leistungsmotivation insgesamt zurückführen läßt.

Dieser Nachweis ist zunächst — allgemeiner gesehen — testtheoretisch von Interesse. Es wurde bestätigt, daß teilweise umstrittene und der psychologischen Forschung entliehene Methoden[34] im Rahmen einer wirtschaftswissenschaftlichen Untersuchung nutzbringend angewendet werden können. Erst auf der Basis der Phantasie-Beurteilung war es möglich, eine klare Beziehung zwischen der LM und der wirtschaftlichen Größe „Berufserfolg" nachzuweisen.

Das legt den Schluß nahe, daß trotz des damit verbundenen Arbeits- und Zeitaufwandes künftige wirtschaftswissenschaftliche Untersuchungen ähnlicher Art auf einer Form des TAT aufbauen und nicht von der einfacher zu handhabenden Frage Katonas (LO) ausgehen sollten. Angesichts der auf der Basis des TAT festgestellten korrelativen Zusammenhänge drängt sich außerdem die Anregung auf, in vergleichbaren Arbeiten auf die inhaltsanalytische Erfassung der „Furcht vor Mißerfolg"[35] zu verzichten und sich auf die „Hoffnung auf Erfolg" zu beschränken. Ein solches Vorgehen würde allerdings die Ermittlung der Grundrichtung der Motivation (NH) und der Gesamtmotivation (GM) nicht mehr ermöglichen. Das daraus resultierende Minus an Informationen scheint unter Berücksichtigung der festgestellten klaren Beziehungen zwischen der HE und wirtschaftlichen Größen durch die Einsparung an Zeit, Arbeit und Kosten mehr als aufgewogen zu werden.

Der primäre Zweck dieser Untersuchung ist unserer Aufgabenstellung entsprechend jedoch erst erfüllt, wenn — über den Nachweis einer Beziehung zwischen der LM und dem Berufserfolg — ein Beitrag zur

---

[34] Vgl. Fußnoten 33 und 34, § 3.

[35] *Heckhausen*, H.: Hoffnung und Furcht in der Leistungsmotivation, a.a.O., S. 293—302.

Entwicklungsforschung, vor allem zur Erforschung der Bedingungen der Effizienz des Faktors Arbeit, geleistet wird. Ein solcher Beitrag dürfte aufgrund der — nach der Analyse der Determinanten der LM in Kapitel II kaum zu erwartenden — relativ deutlichen Ergebnisse in doppelter Hinsicht gegeben sein.

In der Leistungsmotivation scheint sich ein brauchbares Meßinstrument für die Bestimmung der Subvariablen des Wachstumsfaktors Arbeit, die Rostow als „degree of effort" bezeichnet[36], anzubieten. Dabei hat die vorliegende Untersuchung gezeigt, daß dieser „Einsatzwille" nicht schlechthin mit dem Erwerbsstreben gleichzusetzen ist. Während für die Modelltheorie weiterhin die Fiktion des *„homo oeconomicus"* ausreichend und zweckmäßig sein mag, dürfte eine wirklichkeitsorientierte Entwicklungsforschung nicht umhin können, psychologische Faktoren in die Betrachtung einzubeziehen. Daß solche Faktoren bislang weitgehend „außerhalb des Datenkranzes der wirtschaftlichen Entwicklung verblieben", liegt nicht zuletzt in der häufig praktizierten Beschränkung auf die kurzfristige Gleichgewichtsanalyse[37]. Jede Erklärung und Prognose des langfristigen Strukturwandels hat sich jedoch mit dem Qualitätsaspekt des Faktors Arbeit zu befassen. Insbesondere in sogenannten „Entwicklungsländern" scheint die Qualität dieses Faktors nicht selten einer der wesentlichen Engpässe zu sein[38]. Während sich der „skill" der menschlichen Arbeit noch wesentlich erhöhen lassen dürfte, wird der „degree of effort" erst über Generationen beeinflußbar sein. Entwicklungsplanungen müßten — vor allem in diesen Ländern — die vorhandene Struktur der LM als einen Maßstab für den „Einsatzwillen" sowie deren Veränderung als wesentliche Faktoren analysieren.

Durch die Verifizierung unserer Hypothese dürfte aber nicht nur ein Beitrag zur Erforschung der Effizienz der menschlichen Arbeit über den „degree of effort" geleistet werden, sondern auch im Hinblick auf die vierte Subvariable Rostows — „skill" der Arbeit — sollten unsere Feststellungen von Bedeutung sein.

Die Fähigkeit und damit Effizienz des Faktors Arbeit wird weitgehend bestimmt durch die Qualität des Erziehungswesens[39]. In einem bestimmten Erziehungssystem ist neben vielen anderen Größen das geltende Auswahlkriterium als „Weichensteller" von großer Bedeutung für die gegenwärtige und künftige Effizienz der Arbeit.

---

36 Vgl. oben, § 1.

37 *Strümpel,* B.: Wirtschaftliche Entwicklung und menschliches Verhalten, a.a.O., S. 14.

38 *Hoselitz,* B. F.: The progress of underdeveloped areas, Chicago: University Press 1951, S. 80 f.

39 Vgl. oben, § 1.

Als ein solcher Wertmaßstab für die Wirtschaft und gleichzeitig als ein Kriterium für das Vorwärtskommen im Bildungs- und Ausbildungssystem wird trotz verbreiteter Kritik allgemein die Schulleistung — ausgedrückt in Noten — anerkannt. Der Grund dafür dürfte in dem noch immer vorherrschenden Entwicklungsdenken liegen, das eine zusammenhängende Kausalkette: ‚Erbanlage — Begabung — Schulleistung — Ausbildungsniveau‘ behauptet[40]. Anzutreffende Einwände sind „ein Reflex bei der heutigen Praxis der Notengebung, die in ihrer beinahe chaotischen Vielfalt kaum ein Anzeichen von Koordination und Angleichung der zur Anwendung gelangenden Notenkriterien erkennen läßt“[41]. Werden jedoch die „Zensuren willkürlich oder nach für das berufliche Leistungspotential der Schüler irrelevanten Gesichtspunkten erteilt, so erhalten nicht die Tüchtigsten die Chance der Weiterbildung und Förderung. Hieraus folgt, daß die ‚wirtschaftlichste‘ Beurteilung (sowohl als Kriterium für das Vorwärtskommen innerhalb des Erziehungssystems als auch für den Start im Berufsleben) diejenige ist, die mit den späteren Berufsleistungen am stärksten korreliert“[42].

Eine solche Beurteilungsmöglichkeit, die der — aufgrund volkswirtschaftlicher Maßstäbe — notwendigen Abstimmung des Bildungswesens auf die Bedürfnisse des Arbeitsplatzes Rechnung trägt, bietet sich in der durch TAT erhobenen Leistungsmotivation an. Der Zusammenhang zwischen der LM und dem Berufserfolg erwies sich als wesentlich stärker als die mehr oder weniger vorhandenen Beziehungen zwischen Schul- bzw. Studiennoten und der gleichen Größe.

Trotz solcher Feststellungen wird das derzeitige Wissen um die Leistungsmotivation nicht ausreichend sein, die „alteingeführten Praktiken der Auswahl, Prüfung und Beratung“ bereits durch eine neue Strategie zu ersetzen[43]. Bis es zu einer solchen Substitution kommen könnte, wäre eine Vielzahl von Einzelproblemen zu lösen. Zunächst müßten sich die für die Bildung und Ausbildung zuständigen Gremien darüber einig werden, welchen Anforderungen ein Auswahlkriterium genügen soll[44]. In diesem Zusammenhang wäre die Frage zu beantworten, ob wirtschaftliche Maßstäbe — wie etwa der Bezug zum Beruf — von Pädagogen als bedeutsam akzeptiert werden können.

---

[40] *Hess, Latscha, Schneider:* Die Ungleichheit der Bildungschancen, a.a.O., S. 33.

[41] Ebenda, S. 232.

[42] *Strümpel,* B.: Volkswirtschaftliche Kriterien für den Ausbau und ..., a.a.O., S. 164.

[43] *Strümpel,* B.: Ebenda, S. 165.

[44] *Erdmann,* K. D.: Die Anfänge des Deutschen Bildungsrates, in: „die neue gesellschaft“, Heft 6/1966, Bielefeld, S. 442 f.

Über diese grundsätzliche Frage hinaus verbleibt noch eine Reihe testbedingter Schwierigkeiten. Dabei dürfte die psychologische Forschung am ehesten das Problem der Erlernbarkeit des Tests und schließlich der Beherrschung der Methode lösen können, und zwar etwa durch den systematischen Wechsel standardisierter Bilder oder die Variierung der Verfahrensweisen[45]. Größere Schwierigkeiten wird die im Prinzip gegebene Möglichkeit des Antrainierens der — für alle Testmethoden ähnlichen — elementaren Grundlagen der LM bereiten[46]. Die Methodenforschung in der Psychologie sollte auch hier in der Lage sein, Mittel und Wege zur Differenzierung zwischen „echter" und möglicherweise „antrainierter" Leistungsmotivation zu finden. Es würde über Rahmen, Zweck und Kompetenz dieser Untersuchung hinausgehen, entsprechende Vorschläge entwickeln zu wollen.

Mit einer solchen Feststellung werden durchaus die Limitationen unserer Untersuchung anerkannt. Es handelt sich bei der vorliegenden Arbeit um den aufgrund vieler Handicaps zwangsläufig unvollständigen Versuch, bisher stark vernachlässigte Aspekte der Entwicklungsforschung der Klärung näherzubringen. Es sei deshalb der Hinweis wiederholt, daß die Interpretation der aus unserem empirischen Material gezogenen Schlüsse mit aller Vorsicht erfolgen muß. Andererseits scheinen die ermittelten korrelativen Zusammenhänge die Vermutung zu rechtfertigen, daß die endgültige Bestimmung des Berufserfolges der untersuchten HWF-Betriebswirte bei Verwendung verfeinerter statistischer Methoden in einigen Jahren diese vorläufigen Ergebnisse bestätigen und ergänzen würde.

---

[45] Untersuchungen über Inter-Test-Beziehungen sind in der psychologischen Forschung stark verbreitet (vgl. Kriterium D, oben § 3), und die Erarbeitung neuer Methoden ist nicht abgeschlossen. Vgl. dazu: *Heckhausen*, H.: Hoffnung und Furcht in der Leistungsmotivation, a.a.O., S. 19 ff.

[46] Vgl. Kolb, D. A.: Achievement motivation training for underachieving high-school boys, a.a.O., S. 18 f.

Anhang

Tabellenteil A

TABELLE A 1

Koeffizienten-Zusammenstellung zur Leistungsmotivation

Demographische und sozio-ökonomische Daten

	HE	FM	NH	GM
Geschlecht:				
weibl. : männl.	− 0.02	+ 0.05	− 0.03	+ 0.06
Alter:				
1941 u. jüng. : 1939/40	− 0.03	+ 0.16 $p < 10$	− 0.15	+ 0.04
1941 u. jüng. : 1939 u. ält.	+ 0	+ 0.19 $p < 10$	− 0.14	+ 0.13
1939/40 : 1938 u. älter	+ 0.14	+ 0.02	+ 0.03	+ 0.09
Familienst.:				
ledig : verheir.	+ 0.08	+ 0.03	+ 0.07	+ 0.02
Beruf des Vaters:				
Arbeiter : Angest.	− 0.09	+ 0.09	− 0.12	− 0.13
Arbeiter : Selbst.	− 0.08	+ 0.04	− 0.10	− 0.09
Arbeiter : Rentner	− 0.16	+ 0.05	− 0.08	− 0.09
Angest. : Selbst.	+ 0.01	+ 0.03	± 0	+ 0.01
Angest. : Rentner	+ 0.15	+ 0.04	− 0.01	+ 0.01
Selbst. : Rentner	− 0.12	− 0.02	− 0.03	− 0.02
Einkommen des Familienvorstandes				
Unter- : Mittelschicht	+ 0.06	− 0.04	− 0.04	+ 0.03
Unter- : Oberschicht	+ 0.05	+ 0.01	+ 0.05	+ 0.01
Mittel- : Oberschicht	+ 0.01	+ 0.07	+ 0.08	+ 0.01
Sozialstatus der Eltern:				
Unter- : Mittelschicht	− 0.01	+ 0.10	− 0.06	+ 0.06
Unter- : Oberschicht	+ 0.11	+ 0.07	+ 0.11	+ 0.07
Mittel- : Oberschicht	+ 0.13	− 0.01	+ 0.11	± 0

Methode:

Da es sich im II. Kapitel der Untersuchung in allen Fällen um Alternativmerkmale handelt — entweder um ursprünglich zweiklassige qualitative Merkmale oder um ursprünglich quantitative, die durch Teilung (über Mittelwert oder Median) in zwei alternative Klassen umgewandelt wurden —, sind die Koeffizienten grundsätzlich nach der Vier-Felder-Methode berechnet. Eine solche verteilungsgebundene statistische Methode wurde gewählt, weil die graphische Darstellung der HE, FM, NH und GM der Gauß'schen Idealverteilung sehr nahe kommt.

TABELLE A 2

Koeffizienten-Zusammenstellung zur Leistungsmotivation

Sozio-kulturelle Faktoren und demonstr. Leistungswille

	HE	FM	NH	GM
Flüchtlingsstatus:				
Flüchtl. : Nichtflüchtl.	− 0.07	+ 0.04	− 0.01	+ 0.01
Waisenstatus:				
Waisen : Nichtwaisen	+ 0.04	+ 0.02	− 0.06	+ 0.02
Konfession:				
ev. : rk.	+ 0.09	+ 0.15	+ 0.01	+ 0.12
Wohnortgröße:				
Klein- : Mittelst.	+ 0.10	± 0	+ 0.06	+ 0.05
Klein- : Großst.	+ 0.13	+ 0.07	+ 0.10	+ 0.17
Mittel- : Großst.	+ 0.03	− 0.02	− 0.05	+ 0.01
Geogr. Herkunft:				
Nord : Süd	+ 0.05	+ 0.01	+ 0.11	+ 0.08
Nord : West	+ 0.26 $p < 5$	+ 0.13	± 0	+ 0.13
Süd : West	+ 0.20 $p < 10$	+ 0.13	− 0.06	+ 0.04
Nord : Rheinl.	+ 0.40 $p < 1$	+ 0.23	+ 0.01	+ 0.30 $p < 5$
Nord : Westf.	+ 0.20	+ 0.02	+ 0.01	− 0.04
Nord : Ruhr	+ 0.14	+ 0.14	− 0.17	+ 0.05
Süd : Rheinl.	+ 0.29 $p < 5$	+ 0.21 $p < 10$	− 0.05	+ 0.19
Süd : Westf.	+ 0.10	− 0.04	− 0.05	− 0.10
Süd : Ruhr	+ 0.05	+ 0.17	− 0.21	± 0
Westf. : Rheinl.	+ 0.13	+ 0.20	− 0.06	+ 0.31 $p < 5$
Westf. : Ruhr	− 0.14	+ 0.14	− 0.24	+ 0.07
Ruhr : Rheinl.	+ 0.14	+ 0.12	+ 0.17	+ 0.15
Studienleistung:				
gut : befriedigend	+ 0.08	− 0.16 $p < 10$	− 0.02	− 0.03
gut : ausreichend	+ 0.46 $p < 1$	− 0.03	+ 0.25 $p < 10$	+ 0.28 $p < 5$
befr. : ausreichend	+ 0.31 $p < 1$	+ 0.09	+ 0.11	+ 0.29 $p < 1$
Firmenwahl:				
entsch. : nicht entsch.	+ 0.02	− 0.01	− 0.06	− 0.02
Berufl. Anspruchsniveau:				
hoch : mittel	− 0.02	− 0.13	+ 0.07	− 0.03
hoch : niedrig	− 0.02	− 0.09	− 0.15	− 0.15
mittel : niedrig	− 0.12	+ 0.02	− 0.15	− 0.07
hoch : ohne Angabe	− 0.03	− 0.13	+ 0.02	− 0.02
mittel/niedr. : o. Angabe	− 0.01	+ 0.15	+ 0.11	±0

TABELLE A 3

Koeffizienten-Zusammenstellung zur Leistungsmotivation

Extrem hohe gegenüber extrem niedriger Leistungsmotivation

	HE	FM	GM
Beruf des Vaters:			
Angest. : Arbeiter	+ 0.18	–	+ 0.30
Selbst. : Arbeiter	+ 0.46	–	+ 0.35
Rentner : Arbeiter	+ 0.57 $p < 10$	–	+ 0.21
Rentner : Angest.	+ 0.32	–	–
Selbst. : Rentner	–	+ 0.19	–
Waisenstatus:			
Waisen : Nichtwaisen	+ 0.20	– 0.10	–
Konfession:			
ev. : rk.	+ 0.15	–	+ 0.11
Geogr. Herkunft:			
Süd : Nord	–	+ 0.15	–
Süd : West	–	+ 0.17	+ 0.66 $p < 1$
Nord : West	–	–	+ 0.24
Süd : Westfalen	–	–	+ 0.41
Süd : Rheinland	–	–	+ 0.67 $p < 1$
Ruhr : Rheinland	–	+ 0.29	–
Semesterleistg.:			
befr. : ausr.	+ 0.34 $p < 10$	+ 0.33 $p < 10$	+ 0.50 $p < 1$
Firmenwahl:			
entschieden : nicht entsch.	+ 0.18	–	+ 0.19

Methode:

Als *sehr hoch* bzw. *sehr niedrig* wurden eingestuft Testpersonen mit folgenden Werten:

	HE	FM	GM
sehr hoch	11 und mehr	12 und mehr	19 und mehr
sehr niedrig	0 bis 2	0 bis 4	0 bis 10 Punkte.

In die Zusammenstellung wurden nur solche Koeffizienten aufgenommen, die geeignet waren, gegenüber der Hauptauswertung zusätzliche Informationen zu geben, oder die in der Grundtendenz erheblich abwichen.

TABELLE A 4

Koeffizienten-Zusammenstellung zur Leistungsorientierung

Geschlecht:		
männlich : weiblich	+ 0.19	*p* < 5
Alter:		
1941 und jünger : 1938 und älter	+ 0.14	
Beruf d. Vaters:		
Arbeiter : Angest.	+ 0.15	
Arbeiter : Selbst.	+ 0.15	
Einkommen des Familienvorstandes:		
Unter- : Oberschicht	+ 0.11	
Mittel- : Oberschicht	+ 0.10	
Sozialstatus der Elten:		
Unter- : Mittelschicht	+ 0.03	
Mittel- : Oberschicht	+ 0.13	
Wohnortgröße:		
Klein- : Großstädte	+ 0.25	*p* < 5
Mittel- : Großstädte	+ 0.05	
Geographische Herkunft:		
Nord : Süd	+ 0.20	
Rheinland : Süd	+ 0.11	
Westfalen : Süd	+ 0.18	
Semesterleistung:		
gut : ausreichend	+ 0.57	*p* < 1
befr. : ausreichend	+ 0.20	*p* < 5
Berufl. Anspruchsniveau:		
mittel : niedrig	+ 0.13	
mittel : hoch	+ 0.11	

TABELLE A 5

Leistungsorientierung — HE

LO	HE hoch		HE niedrig		
	N	%	N	%	
LO	43	73	34	44	77
nicht LO	16	27	43	56	59
	59	100	77	100	136

+ 0.29 – $x^2 = 11{,}44$ – $p < 1$

TABELLE A 6

Leistungsorientierung — GM

LO	GM hoch		GM niedrig		
	N	%	N	%	
LO	45	65	32	48	77
nicht LO	24	35	35	52	59
	69	100	67	100	136

$+ 0.15 - x^2 = 3{,}06 - p < 10$

TABELLE A 7

Geschlecht — LO

LO	männlich		weiblich		
	N	%	N	%	
LO	77	58	0	0	77
nicht LO	55	42	4	100	59
	132	100	4	100	136

$+ 0.19 - x^2 = 3{,}91 - p < 5$

TABELLE A 8

Alter — FM

FM	1941 u. jünger		1939—1940		1938 u. älter		
	N	%	N	%	N	%	
hoch	38	68	30	51	15	47	83
niedrig	18	32	29	49	17	53	64
	56	100	59	100	32	100	147

Jahrg. 1941 und jünger : 1939/40 = 0.16 – x^2 = 2,94 – $p < 10$
Jahrg. 1941 und jünger : 1938 = 0.19 – x^2 = 3,17 – $p < 10$
Jahrg. 1939/40 : 1938 und älter = 0,02

TABELLE A 9

Alter — GM

GM	1941 u. jünger		1939/40		1938 u. älter		
	N	%	N	%	N	%	
hoch	33	59	32	54	14	44	79
niedrig	23	41	27	46	18	56	68
	56	100	59	100	32	100	147

TABELLE A 10

Beruf des Vaters — extreme HE

HE	Arbeiter		Angest.		Selbst.		Rentner		
	N	%	N	%	N	%	N	%	
sehr hoch	0	0	5	42	3	75	6	86	14
sehr niedrig	3	100	7	58	1	25	1	14	12
	3	100	12	100	4	100	7	100	26

Rentner : Angest. = 0.32 — x^2 = 1,95
Selbst. : Arbeiter = 0.46 — x^2 = 1,48
Rentner : Arbeiter = 0.57 — x^2 = 3,25 — $p < 10$

TABELLE A 11

Beruf des Vaters — LO

LO	Arbeiter		Angest.		Selbst.		Rentner		
	N	%	N	%	N	%	N	%	
LO	12	75	22	55	21	55	25	60	79
nicht LO	4	25	18	45	17	45	17	40	56
	16	100	40	100	38	100	42	100	135

Arbeiter : Angest. = 0.15 — x^2 = 1,26
Arbeiter : Selbst. = 0.15 — x^2 = 1,22

TABELLE A 12

Waisenstatus — extreme HE

HE	Waisen		Nichtwaisen		
	N	%	N	%	
sehr hoch	6	75	8	44	14
sehr niedrig	2	25	10	56	12
	8	100	18	100	26

+ 0.20 — x^2 = 1,04

TABELLE A 13

Waisenstatus — extreme FM

FM	Waisen		Nichtwaisen		
	N	%	N	%	
sehr hoch	2	25	14	52	16
sehr niedrig	6	75	13	48	19
	8	100	27	100	35

— 0.10 — x^2 = 0.35

TABELLE A 14

Konfessionszugehörigkeit — HE

HE	evangelisch		katholisch		
	N	%	N	%	
hoch	33	51	12	39	45
niedrig	32	49	19	61	51
	65	100	31	100	96[a)]

+ 0.09

a) Die gegenüber der Ausgangsbasis verringerte Zahl der Testteilnehmer ist darauf zurückzuführen, daß der Leiter einer größeren HWF die Erhebung von Informationen über die Konfessionszugehörigkeit untersagte.

TABELLE A 15

Konfessionszugehörigkeit — FM

FM	evangelisch		katholisch		
	N	%	N	%	
hoch	39	60	13	42	52
niedrig	26	40	18	58	44
	65	100	31	100	96

+ 0.15 — $x^2 = 2{,}16$

TABELLE A 16

Konfessionszugehörigkeit — ‚Gesamtmotivation'

GM	evangel.		kath.		
	N	%	N	%	
hoch	37	57	13	42	50
niedrig	28	43	18	58	46
	65	100	31	100	96

0,12 – x^2 = 1,37

TABELLE A 17

Wohnortgröße — LO

LO	Kleine Orte		Mittelstädte		Großstädte		
	N	%	N	%	N	%	
LO	36	65	29	58	12	39	77
nicht LO	19	35	21	42	19	61	59
	55	100	50	100	31	100	136

Kleine Orte : Großstädte = 0,25 – x^2 = 5,38 – $p < 5$
Mittelstädte : Großstädte = 0,05

TABELLE A 18

Regionale Herkunft — „Hoffnung auf Erfolg"

HE	Nord		Süd		West		
	N	%	N	%	N	%	
hoch	14	67	19	58	20	34	53
niedrig	7	33	14	42	38	66	59
	21	100	33	100	58	100	112

Nord : Süd = 0,05
Nord : West = 0,26 – x^2 = 5,34 – $p <$ 5
Süd : West = 0,20 – x^2 = 3,64 – $p <$ 10

TABELLE A 19

Regionale Herkunft — „Furcht vor Mißerfolg"

FM	Nord		Süd		West		
	N	%	N	%	N	%	
hoch	14	67	21	64	28	48	63
niedrig	7	33	12	36	30	52	49
	21	100	33	100	58	100	112

Nord : Süd = 0.01
Nord : West = 0.13 – x^2 = 1.34
Süd : West = 0.13 – x^2 = 1.81

TABELLE A 20

Regionale Herkunft — „Gesamtmotivation"

GM	Nord		Süd		West		
	N	%	N	%	N	%	
hoch	14	67	18	55	28	48	60
niedrig	7	33	15	45	30	52	52
	21	100	33	100	58	100	112

Nord : Süd = 0,08
Nord : West = 0,13 — x^2 = 1,57
Süd : West = 0,04

TABELLE A 21

Regionale Herkunft — extreme GM

GM	Süd		Nord		West		
	N	%	N	%	N	%	
sehr hoch	10	77	2	50	2	14	14
sehr niedrig	3	23	2	50	12	86	17
	13	100	4	100	14	100	31

Süd : West = 0,66 — x^2 = 11,76 — $p < 1$
Nord : West = 0,24 — x^2 = 1,04

TABELLE A 22

Regionale Herkunft — LO

LO	Nord		West		Süd		
	N	%	N	%	N	%	
LO	13	68	32	57	13	43	58
nicht LO	6	32	24	43	17	57	47
	19	100	56	100	30	100	105

Nord : Süd = 0,20 — x^2 = 1,96

TABELLE A 23

Studienleistung — HE

HE	‚gut' u. besser		‚befriedigend'		‚ausr.' und schlechter		
	N	%	N	%	N	%	
hoch	18	60	42	49	3	12	63
niedrig	12	40	43	51	23	88	78
	30	100	85	100	26	100	141

gut : befriedigend = 0,08
gut : ausreichend = 0,46 — x^2 = 11,85 — $p < 1$
befr. : ausreichend = 0,31 — x^2 = 10,67 — $p < 1$

TABELLE A 24

Studienleistung — FM

FM	‚gut' und besser		‚befriedi-gend'		‚ausr.' und schlechter		
	N	%	N	%	N	%	
niedrig	13	43	53	63	13	50	79
hoch	17	57	32	37	13	50	62
	30	100	85	100	26	100	141

befr. : ausr. = 0,03
ausr. : gut = 0,16 — $x^2 = 2{,}94$ — $p < 10$
befr. : gut = 0,09

TABELLE A 25

Studienleistung — extreme FM

extr.	‚gut'		‚befr.'		‚ausr.'		
FM	N	%	N	%	N	%	
sehr hoch	6	46	11	58	0	0	17
sehr niedrig	7	54	8	42	4	100	19
	13	100	19	100	4	100	36

befr. : ausreichend = 0.33 — $x^2 = 2{,}50$ — $p < 10$
gut : ausreichend = 0.27 — $x^2 = 1{,}24$

TABELLE A 26

Studienleistung — GM

GM	‚gut' u. besser		‚befriedigend'		‚ausr.' u. schlechter		
	N	%	N	%	N	%	
hoch	16	53	51	60	6	23	73
niedrig	14	47	34	40	20	77	68
	30	100	85	100	26	100	141

befr. : gut = 0.03
befr. : ausr. = 0.29 — $x^2 = 9{,}33$ — $p < 1$
gut : ausr. = 0.28 — $x^2 = 4.32$ — $p < 5 \mid \approx 2$

TABELLE A 27

Studienleistung — extreme GM

extr. GM	‚gut'		‚befr.'		‚ausr.'		
	N	%	N	%	N	%	
sehr hoch	7	50	13	72	1	11	21
sehr niedrig	7	50	5	28	8	89	20
	14	100	18	100	9	100	41

befr. : ausr. = 0.50 — $x^2 = 6{,}75$ — $p < 1$
gut : ausr. = 0.31 — $x^2 = 2{,}21$

TABELLE A 28

Semesterleistung — LO

LO	‚gut'		‚befr.,		‚ausr.'		
	N	%	N	%	N	%	
LO	20	69	46	60	8	33	74
nicht LO	9	31	31	40	16	67	56
	29	100	77	100	24	100	130

gut : ausr. = 0.57 — x^2 = 17,22 — $p < 1$
befr. : ausr. = 0.20 — x^2 = 4,04 — $p < 5$

Tabellenteil B

TABELLE B 1

Koeffizienten-Zusammenstellung zur Leistungsmotivation

Leistungsmotivation und Aspekte des Berufserfolges

	HE	FM	NH	GM
Anfangsgehalt:				
über- : unterdurchschnittlich	+ 0.24 $p < 2$	–	–	+ 0.27 $p < 1$
hoch : mittel : niedrig	–	–	+ 0.17	+ 0.15
Jetziges Einkommen:				
über- : unterdurchschnittlich	+ 0.15	–	–	+ 0.16 $p > 10$
hoch : mittel : niedrig	+ 0.17	–	+ 0.14	+ 0.19
Relative Einkommensänderung:				
über- : unterdurchschnittlich	+ 0.13	–	–	–
hoch : mittel : niedrig	+ 0.21 $p < 10$	–	–	–
Funktionsaufstieg:				
Aufstieg : Abstieg	+ 0.49 $p < 1$	–	–	+ 0.43 $p < 1$
Positionsaufstieg:				
Aufstieg : Abstieg	+ 0.57 $p < 1$	–	–	+ 0.52 $p < 1$
Berufsaufstieg:				
Aufstieg : kein Aufstieg	+ 0.43 $p < 1$	–	+ 0.16 $p \approx 10$	+ 0.33 $p < 1$
Einsatz entsprechend den Fähigkeiten:				
ja : nein	+ 0.28 $p < 1$	– 0.29 $p < 1$	–	+ 0.15

TABELLE B 2

Koeffizienten-Zusammenstellung zur Leistungsmotivation

Extreme — hohe und niedrige — Leistungsmotivation und Aspekte des Berufserfolges

	HE	FM	NH	GM
Jetziges Einkommen:				
hoch : mittel : niedrig	–	+ 0.22 *p* < *10*	–	+ 0.24 *p* < *10*
Relative Einkommensänderung:				
über- : unterdurchschnittlich	–	–	–	+ 0.43 *p* < *1*
hoch : mittel : niedrig	–	–	–	+ 0.34 *p* < *1*
Funktionsaufstieg:				
Aufstieg : keine Änderung : Abstieg .	+ 0.30 *p* < *1*	–	–	+ 0.36 *p* < *1*
Positionsaufstieg:				
Aufstieg : Abstieg	–	–	–	+ 0.63 *p* < *2*
Berufsaufstieg:				
Aufstieg : kein Aufstieg	+ 0.65 *p* < *1*	–	–	+ 0.59 *p* < *1*
Einsatz entsprechend den Fähigkeiten:				
ja : nein	–	– 0.25 *p* < *2*	–	–

TABELLE B 3

Koeffizienten-Zusammenstellung zur Leistungsorientierung

Leistungsorientierung und Aspekte des Berufserfolges

Anfangsgehalt:
hoch : mittel : niedrig .... − 0.21

Positionsaufstieg:
Aufstieg : keine Änderung : Abstieg .... + 0.25

Berufsaufstieg:
Aufstieg : kein Aufstieg .... + 0.23
$p < 2$

Positionsaufstieg:
Aufstieg : keine Änderung : Abstieg .... + 0.25
$p < 5$

Berufsaufstieg:
Aufstieg : kein Aufstieg .... + 0.23
$p < 2$

Semesterleistung und Aspekte des Berufserfolges

Anfangsgehalt:
hoch : mittel : niedrig .... + 0.24
$p < 5$

Jetziges Einkommen:
über- : unterdurchschnittlich .... + 0.19
$p < 10$

TABELLE B 4

HE — Anfangsgehalt

Gehalt / HE	überdurchschnittl.		unterdurchschnittl.		
	N	%	N	%	
hoch	30	64 / 57	23	38 / 43	53
niedrig	17	36 / 31	38	62 / 69	55
	47	100	61	100	108

0.24 — $x^2 = 6{,}22$ — $p < 2$

TABELLE B 5

NH — Anfangsgehalt

NH \ Gehalt	hoch		mittel		niedrig		
	N	%	N	%	N	%	
positiv	12	30 / 44	19	48 / 39	9	22 / 28	40
neutral	1	12 / 4	3	38 / 6	4	50 / 13	8
negativ	14	23 / 52	27	45 / 55	19	32 / 59	60
	27	100	49	100	32	100	108

$0.17 - x^2 = 3{,}005 - 2\,df$

TABELLE B 6

GM — Anfangsgehalt

GM \ Gehalt	überdurchschnittl.		unterdurchschnittl.		
	N	%	N	%	
hoch	34	56 / 72	27	44 / 44	61
niedrig	13	28 / 28	34	72 / 56	47
	47	100	61	100	108

$0.27 - x^2 = 7{,}873 - p < 1$

TABELLE B 7

LO — Anfangsgehalt

LO \ Gehalt	hoch		mittel		niedrig		
	N	%	N	%	N	%	
LO	10	17 / 38	29	51 / 63	18	32 / 58	57
nicht LO	16	35 / 62	17	37 / 37	13	28 / 42	46
	27	100	46	100	31	100	103

— 0.21 — $x^2 = 4{,}192$ — 2 *df*

TABELLE B 8

Semesterleistung — Anfangsgehalt

Sem.-L. \ Gehalt	unterdurchschnittl.		überdurchschnittl.		
	N	%	N	%	
gut und besser	11	55 / 23	9	45 / 15	20
befriedigend	26	43 / 56	35	57 / 57	61
ausreichend	8	36 / 17	14	64 / 22	22
mangelhaft	2	40 / 4	3	60 / 5	5
	47	100	61	100	108

TABELLE B 9

Semesterleistung — Anfangsgehalt

Sem.-L. \ Gehalt	hoch		mittel		niedrig		
	N	%	N	%	N	%	
gut und besser	8	40 / 30	5	25 / 10	7	35 / 22	20
befriedigend	14	23 / 52	32	52 / 65	15	25 / 47	61
ausreichend	4	18 / 15	10	46 / 21	8	36 / 25	22
mangelhaft	1	20 / 3	2	40 / 4	2	40 / 6	5
	27	100	49	100	32	100	108

0.24 — $x^2 = 6{,}228$ — $p < 5$ bei 2 *df*

TABELLE B 10

Abschlußnote — Anfangsgehalt

Abschl.-Note \ Gehalt	überdurchschnittl.		unterdurchschnittl.		
	N	%	N	%	
gut plus Hochschulreife	6	67 / 14	3	33 / 5	9
gut	4	40 / 10	6	60 / 11	10
befriedigend	16	36 / 39	29	64 / 54	45
ausreichend	15	50 / 37	15	50 / 28	30
mangelhaft	0	0	1	2	1
	41	100	54	100	95

TABELLE B 11

Abschlußnote — Anfangsgehalt

Gehalt / Abschl.-Note	hoch		mittel		niedrig		
	N	%	N	%	N	%	
gut plus Hochsch.-Reife	4	45 / 17	2	22 / 5	3	33 / 11	9
gut	1	10 / 4	6	60 / 14	3	30 / 11	10
befriedigend	10	22 / 42	24	54 / 55	11	24 / 41	45
ausreichend	9	30 / 37	12	40 / 27	9	30 / 33	30
mangelhaft	0	0 / 0	0	0 / 0	1	100 / 4	1
	24	100	44	100	27	100	95

TABELLE B 12

extreme FM — jetziges Einkommen

FM	hoch		mittel		niedrig		
	N	%	N	%	N	%	
sehr hoch	5	36 / 19	6	43 / 12	3	21 / 10	14
mittel	19	24 / 73	39	50 / 76	20	26 / 64	78
sehr niedrig	2	12 / 8	6	38 / 12	8	50 / 26	16
	26	100	51	100	31	100	108

0.22 — $x^2 = 5{,}222$ — $p < 10$ bei 2 df

TABELLE B 13

extreme GM — jetziges Einkommen

GM	hoch		mittel		niedrig		
	N	%	N	%	N	%	
sehr hoch	5	29 / 19	10	59 / 20	2	12 / 6	17
mittel	19	27 / 73	32	45 / 63	20	28 / 65	71
sehr niedrig	2	10 / 8	9	15 / 17	9	45 / 29	20
	26	100	51	100	31	100	108

0.24 – $x^2 = 6{,}187$ – $p < 10$ bei 2 *df*

TABELLE B 14

Semesterleistung — jetziges Einkommen

Sem.-Leistung	überdurchschnittl.		unterdurchschnittl.		
	N	%	N	%	
gut und besser	12	60 / 24	8	40 / 14	20
befriedigend	29	48 / 58	32	52 / 55	61
ausreichend	8	36 / 16	14	64 / 24	22
mangelhaft	1	20 / 2	4	80 / 7	5
	50	100	58	100	108

0.19 – $x^2 = 3{,}808$ – $p < 10$

TABELLE B 15

Abschlußnote — jetziges Einkommen

Abschl.-Note	überdurchschnittl.		unterdurchschnittl.		
	N	%	N	%	
gut plus Hochsch.-Reife	7	78 / 16	2	22 / 4	9
gut	3	30 / 7	7	70 / 14	10
befriedigend	21	47 / 48	24	53 / 47	45
ausreichend	13	43 / 29	17	57 / 33	30
mangelhaft	0	0 / 0	1	100 / 2	1
	44	100	51	100	95

TABELLE B 16

HE — relative Einkommensänderung

HE	hoch		mittel		niedrig		
	N	%	N	%	N	%	
hoch	18	34 / 56	33	62 / 51	2	4 / 18	53
niedrig	14	25 / 44	32	58 / 49	9	17 / 82	55
	32	100	65	100	11	100	108

$0.21 - x^2 = 4{,}932 - p < 10\ 2\ df$

TABELLE B 17

extr. GM — relative Einkommensänderung

GM extr.	überdurchschnittl.		unterdurchschnittl.		
	N	%	N	%	
sehr hoch	15	65 \ 88	2	14 \ 12	17
sehr niedrig	8	35 \ 40	12	86 \ 60	20
	23	100	14	100	37

0.43 — $x^2 = 8{,}680$ — $p < 1$

TABELLE B 18

HE — Funktionsaufstieg

HE	Aufstieg		Abstieg		
	N	%	N	%	
hoch	16	70 \ 84	3	16 \ 16	19
niedrig	7	30 \ 30	16	84 \ 70	23
	23	100	19	100	43

0.49 — $x^2 = 10{,}084$ — $p < 1$

TABELLE B 19

extreme HE — Funktionsaufstieg

HE	Aufstieg		keine Änd.		Abstieg		
	N	%	N	%	N	%	
sehr hoch	6	50 / 26	5	42 / 7	1	8 / 5	12
mittel	16	18 / 70	57	65 / 85	15	17 / 79	88
sehr niedrig	1	11 / 4	5	56 / 7	3	33 / 16	9
	23	100	67	99	19	100	109

0.30 — $x^2 = 9{,}508$ — $p < 1$ 2 *df*

TABELLE B 20

GM — Funktionsaufstieg

GM	Aufstieg		Abstieg		
	N	%	N	%	
hoch	17	77 / 74	5	23 / 26	22
niedrig	6	30 / 26	14	70 / 74	20
	23	100	19	100	42

0.43 — $x^2 = 7{,}766$ — $p < 1$

TABELLE B 21

extreme GM — Funktionsaufstieg

GM	Aufstieg		keine Veränderung		Abstieg		
	N	%	N	%	N	%	
sehr hoch	6	35 / 26	10	59 / 15	1	6 / 5	17
mittel	15	21 / 65	47	66 / 70	9	13 / 47	71
sehr niedrig	2	10 / 9	10	48 / 15	9	42 / 47	21
	23	100	67	100	19	99	109

0.36 — $x^2 = 13{,}895$ — $p < 1$ 2 df

TABELLE B 22

Abschlußnote — Funktionsaufstieg

Abschl.-Note	Aufstieg		keine Veränderung		Abstieg		
	N	%	N	%	N	%	
gut plus Hochsch.-Reife	2	22 / 12	4	45 / 6	3	33 / 25	9
gut	0	0 / 0	8	80 / 12	2	20 / 17	10
befriedigend	6	13 / 35	36	80 / 54	3	7 / 25	45
ausreichend	9	29 / 53	18	58 / 27	4	13 / 33	31
mangelhaft	0	0 / 0	1	100 / 1	0	0 / 0	1
	17	100	67	100	12	100	96

TABELLE B 23

HE — Positionsaufstieg

HE	Aufstieg		Abstieg		
	N	%	N	%	
hoch	24	92 / 77	2	8 / 13	26
niedrig	7	33 / 23	14	67 / 87	21
	31	100	16	100	47

0.57 — $x^2 = 15{,}595$ — $p < 1$

TABELLE B 24

GM — Positionsaufstieg

GM	Aufstieg		Abstieg		
	N	%	N	%	
hoch	24	89 / 77	3	11 / 19	27
niedrig	7	35 / 23	13	65 / 81	20
	31	100	16	100	47

0.52 — $x^2 = 12{,}709$ — $p < 1$

TABELLE B 25

HE — Berufsaufstieg

HE	Aufstieg		kein Aufstieg		
	N	%	N	%	
hoch	37	70 / 73	16	30 / 28	53
niedrig	14	25 / 27	42	75 / 72	56
	51	100	58	100	109

0. 43 – $x^2 = 20{,}154$ – $p < 1$

TABELLE B 26

extreme HE — Berufsaufstieg

extr. HE	Aufstieg		kein Aufstieg		
	N	%	N	%	
sehr hoch	9	75 / 100	3	25 / 25	12
sehr niedrig	0	– / –	9	100 / 75	9
	9	100	12	100	21

0.65 – $x^2 = 8{,}873$ – $p < 1$

TABELLE B 27

GM — Berufsaufstieg

GM	Aufstieg		kein Aufstieg		
	N	%	N	%	
hoch	38	62 / 75	23	38 / 40	61
niedrig	13	27 / 25	35	73 / 60	48
	51	100	58	100	109

0.33 — $x^2 = 11,87$ — $p < 1$

TABELLE B 28

extreme GM — Berufsaufstieg

GM extr.	Aufstieg		kein Aufstieg		
	N	%	N	%	
sehr hoch	15	88 / 75	2	12 / 11	17
sehr niedrig	5	24 / 25	16	76 / 89	21
	20	100	18	100	38

0.59 — $x^2 = 13{,}228$ — $p < 1$

TABELLE B 29

HE — Anfangsgehalt — Semesterleistung

HE	Semesterleistung	Erstes Einkommen überdurchschnittlich N	Erstes Einkommen überdurchschnittlich %	Erstes Einkommen unterdurchschnittlich N	Erstes Einkommen unterdurchschnittlich %
hoch	gut u. besser	6	55	5	45
	befriedigend	18	52	17	48
	ausreichend	3	100	0	0
	mangelhaft	3	75	1	25
niedrig	gut u. besser	4	44	5	56
	befriedigend	8	31	18	69
	ausreichend	5	26	14	74
	mangelhaft	0	0	1	100

TABELLE B 30

GM — Anfangsgehalt — Semesterleistung

GM	Semesterleistung	Erstes Einkommen überdurchschnittlich N	Erstes Einkommen überdurchschnittlich %	Erstes Einkommen unterdurchschnittlich N	Erstes Einkommen unterdurchschnittlich %
hoch	gut u. besser	6	60	4	40
	befriedigend	22	54	19	46
	ausreichend	4	67	2	33
	mangelhaft	2	50	2	50
niedrig	gut u. besser	4	36	7	64
	befriedigend	5	26	14	74
	ausreichend	4	25	12	75
	mangelhaft	0	0	1	100

TABELLE B 31

HE — Jetziges Einkommen — Semesterleistung

HE	Semesterleistung	Jetziges Einkommen: überdurchschnittlich N	überdurchschnittlich %	unterdurchschnittlich N	unterdurchschnittlich %
hoch	gut u. besser	7	67	4	33
	befriedigend	16	46	19	54
	ausreichend	3	100	0	0
	mangelhaft	3	75	1	25
niedrig	gut u. besser	4	44	5	56
	befriedigend	12	46	14	54
	ausreichend	5	26	14	74
	mangelhaft	0	0	1	100

TABELLE B 32

GM — Jetziges Einkommen — Semesterleistung

GM \ Semesterleistung		Jetziges Einkommen: überdurchschnittlich N	%	unterdurchschnittlich N	%
hoch	gut u. besser	5	56	4	44
	befriedigend	22	52	20	48
	ausreichend	3	50	3	50
	mangelhaft	3	75	1	25
niedrig	gut u. besser	5	45	6	55
	befriedigend	7	37	12	63
	ausreichend	5	31	11	69
	mangelhaft	0	0	1	100

TABELLE B 33

HE — Einkommensänderung — Semesterleistung

HE \ Semester-leistung		Einkommensänderung			
		überdurch-schnittlich		unterdurch-schnittlich	
		N	%	N	%
hoch	gut u. besser	7	64	4	36
	befriedigend	20	57	15	23
	ausreichend	3	100	0	0
	mangelhaft	3	75	1	25
niedrig	gut u. besser	4	44	5	56
	befriedigend	15	58	11	42
	ausreichend	7	37	12	63
	mangelhaft	0	0	1	100

TABELLE B 34

HE — Positionsaufstieg — Abschlußnote

HE	Abschlußnote	Positionsaufstieg					
		Aufstieg		keine Änderung		Abstieg	
		N	%	N	%	N	%
hoch	gut plus Hochschulreife	2	40	2	40	1	20
	gut	3	37	5	63	0	0
	befriedigend	11	48	12	52	0	0
	ausreichend	8	73	2	18	1	9
	mangelhaft	0	0	0	0	0	0
niedrig	gut plus Hochschulreife	0	0	1	25	3	75
	gut	0	0	1	50	1	50
	befriedigend	3	13	14	64	5	23
	ausreichend	4	20	11	55	5	25
	mangelhaft	0	0	1	100	0	0

TABELLE B 35

GM — Positionsaufstieg — Abschlußnote

GM \ Abschlußnote		Positionsaufstieg					
		Aufstieg		keine Änderung		Abstieg	
		N	%	N	%	N	%
hoch	gut plus Hochschulreife	2	33	3	50	1	17
	gut	2	29	4	57	1	14
	befriedigend	13	50	12	46	1	4
	ausreichend	7	39	11	61	0	0
	mangelhaft	0	0	0	0	0	0
niedrig	gut plus Hochschulreife	0	0	0	0	3	100
	gut	1	33	2	67	0	0
	befriedigend	1	5	14	74	4	21
	ausreichend	5	38	2	15	6	47
	mangelhaft	0	0	1	100	0	0

Tabellenteil C

TABELLE C 1 und C 2

Monatliches Brutto-Einkommen

	C 1 Anfangs-stellung N	C 1 Anfangs-stellung %	C 2 jetzige Position N	C 2 jetzige Position %
DM 750 bis 799	–	–	2	2
DM 800 bis 849	3	3	3	3
DM 850 bis 899	7	6	3	3
DM 900 bis 949	8	7	5	5
DM 950 bis 999	14	13	6	6
DM 1 000 bis 1 049	22	21	12	11
DM 1 050 bis 1 099	7	6	11	10
DM 1 100 bis 1 149	10	9	10	9
DM 1 150 bis 1 199	10	9	5	5
DM 1 200 bis 1 249	16	15	15	14
DM 1 250 bis 1 299	4	4	9	8
DM 1 300 bis 1 349	3	3	7	6
DM 1 350 bis 1 399	1	1	3	3
DM 1 400 bis 1 449	1	1	1	1
DM 1 450 bis 1 499	1	1	5	5
DM 1 500 bis 1 549	1	1	5	5
DM 1 550 bis 1 599	1	1	1	1
DM 1 600 bis 1 649	–	–	2	2
DM 1 650 bis 1 699	–	–	1	1
DM 1 700 bis 1 749	–	–	–	–
DM 1 750 bis 1 799	–	–	1	1
DM 1 800 bis 1 849	–	–	1	1
	109	101	108	102

TABELLE C 3

Veränderung des monatlichen Brutto-Einkommens

	N	%	N	%
Positive Veränderung				
ca. DM 500	2	2		
ca. DM 450	1	1		
ca. DM 400	3	3		
ca. DM 350	2	2		
ca. DM 300	3	3		
ca. DM 250	5	5		
ca. DM 200	17	16		
ca. DM 150	10	9		
ca. DM 100	16	15		
ca. DM 50	7	6	66	62
Keine Veränderung:			31	28
Negative Veränderung:				
ca. DM 50	4	4		
ca. DM 100	2	2		
ca. DM 150	1	1		
ca. DM 200	2	2		
ca. DM 400	1	1		
ca. DM 650	1	1	11	11
			108	101

TABELLE C 4

Wirtschaftszweige, in denen die Testpersonen beschäftigt waren bzw. sind

	Anfangs-stellung N	Anfangs-stellung %	jetzige Position N	jetzige Position %
Verarbeitendes Gewerbe	56	58	52	54
Handel	16	16	17	18
Dienstleistungen	13	13	13	13
Energie-Wirtschaft, Wasserversorgung, Bergbau	4	4	4	4
Kreditinstitute, Versicherungen	4	4	4	4
Verkehr u. Nachrichtenübermittlung	2	2	2	2
Behörden	1	1	3	3
Sonstiges	1	1	2	2
	97	99	97	100

TABELLE C 5

Betriebsgröße

Bis 99 Beschäftigte	20	21	20	21
100 bis 499	21	22	18	19
500 bis 999	9	9	10	10
1 000 bis 1 999	10	10	9	9
2 000 bis 4 999	10	10	11	11
5 000 bis 9 999	10	10	11	11
10 000 bis 14 999	4	4	6	6
15 000 bis 19 999	5	5	3	3
20 000 und mehr	8	8	9	9
	97	99	97	99

TABELLE C 6

Einordnung der Testpersonen in die Hierarchie ihres Unternehmens

	Anfangs-stellung		jetzige Position	
	N	%	N	%
Leiter eines Gesamtbereiches	1	1	3	3
Stellvertr. Leiter eines Gesamtber. ..	7	7	8	8
Gruppenleiter (kleine Gruppe)	4	4	8	8
Stellvertr. eines Gruppenleiters	3	3	3	3
Assistent eines Leiters	48	50	40	41
Sachbearbeiter (ohne Leitung)	24	25	21	22
Selbständiger	2	2	3	3
Sonstiges	8	8	11	11
	97	100	97	99

Vorlage-Bogen

BILD A

Was spielt sich hier ab — wer sind die Personen?

Was denken die einzelnen Personen auf dem Bild — was wollen sie?

Wie ist es zu dieser Situation gekommen — was hat sich vorher zugetragen?

Wie wird es weitergehen — wie geht alles aus?

Untersuchung GS

Nummer des Fragebogens:

I. Zunächst erbitten wir einige allgemeine Auskünfte über Ereignisse seit der Durchführung des TAT-Tests im Herbst 1964.

1. Mit welchem Durchschnittserfolg haben Sie das Abschlußexamen an ihrer HWF absolviert?

Mit „gut" plus Hochschulreife	☐
Mit „gut"	☐
Mit „befriedigend"	☐
Mit „ausreichend"	☐
Ohne Erfolg	☐

---

2. Nur für HWF-Betriebswirte, die sich im Hochschulstudium befinden:

a) Welches Diplom-Examen gedenken Sie abzulegen?

Dipl.-Volkswirt	☐
Dipl.-Kaufmann	☐
Dipl.-Sozialwirt	☐
Dipl.-Handelslehrer	☐

b) Welches konkrete Berufsziel streben Sie an? ....

(Für Sie entfällt die Beantwortung der restlichen Fragen, es sei denn, daß Sie neben dem Studium einen Beruf ausüben oder während der ersten Studiensemester ausgeübt haben).

3. Haben Sie als HWF-Betriebswirt Ihre Anfangsstellung bereits gewechselt?	Nein	☐
	Ja, einmal	☐
	zweimal	☐
	öfter	☐
4. Falls Sie Ihren Arbeitgeber gewechselt haben, was war der Grund?	Wegen des höheren Gehaltes	☐
	Um ein anderes Unternehmen kennenzulernen	☐
	Wegen der besseren Aufstiegchancen	☐
	Aus familiären Gründen	☐
	Wahl einer andersartigen Tätigkeit	☐
	Aus sonstigen Gründen	☐
5. Wenn Sie in absehbarer Zeit Ihr Unternehmen zu wechseln gedenken, warum wollen Sie wechseln?	Wegen des höheren Gehaltes	☐
	Um ein anderes Unternehmen kennenzulernen	☐
	Wegen der besseren Aufstiegchancen	☐
	Aus familiären Gründen	☐
	Wahl einer andersartigen Tätigkeit	☐
	Aus sonstigen Gründen	☐
	Ich beabsichtige keinen Wechsel	☐

II. Im folgenden hätten wir gerne möglichst genaue und ausführliche Angaben über die

Anfangsposition,

in der Sie nach dem Verlassen der HHW tätig wurden:

1. Welchem Wirtschaftszweig gehört das Unternehmen an (Dienststelle, Institut), in dem Sie Ihre erste Stellung antraten?

Energiewirtschaft, Wasserversorgung, Bergbau	☐
Verarbeitendes Gewerbe	☐
Baugewerbe	☐
Handel	☐
Verkehr und Nachrichtenübermittlung	☐
Kreditinstitute und Versicherungsgewerbe	☐
Dienstleistungen	☐
Behörden	☐
Sonstiges und unbekannt	☐

2. Bitte, könnten Sie einmal genauer notieren, in was für einem Unternehmen Sie zunächst tätig wurden? ....

Es ist wichtig, daß Sie die genaue Bezeichnung angeben. z. B. nicht „Fabrik“, sondern „Werkzeugmaschinenfabrik“. ....

....

3. Wieviel Arbeiter, Angestellte und Beamte hatte das Unternehmen (Dienststelle, Institut), in dem Sie erstmals als HWF-Betriebswirt arbeiteten?

- Unbekannt ☐
- Bis 99 ☐
- 100 bis 499 ☐
- 500 bis 999 ☐
- 1 000 bis 1 999 ☐
- 2 000 bis 4 999 ☐
- 5 000 bis 9 999 ☐
- 10 000 bis 14 999 ☐
- 15 000 bis 19 999 ☐
- 20 000 und mehr, und zwar etwa .... Personen

4. Würden Sie sich bitte in die Betriebshierarchie Ihres ersten Unternehmens einordnen? Waren Sie:

- Leiter eines Gesamtbereiches ☐
- Stellvertretender Leiter eines Gesamtbereiches ☐
- Gruppenleiter (kleine Gruppe) ☐
- Stellvertreter eines Gruppenleiters ☐
- Assistent eines Leiters ☐
- Sachbearbeiter (o. Leitung) ☐
- Selbständiger ☐
- Sonstiges ☐

5. Könnten Sie bitte zusätzlich Ihre Funktion und Ihren Arbeitsbereich in der Anfangsfirma erläutern (z. B. Sachbearbeiter in der Vermögensabteilung)?

....

....

6. Welcher Ebene Ihres ersten Unternehmens (Ihrer Dienststelle, Ihres Instituts) gehörten Sie nach dem Verlassen der HWF an?

(1. Ebene = Geschäftsleitung, in Aktiengesellschaft der Vorstand;

2. Ebene = der ersten Ebene unmittelbar unterstellt, allen anderen Ebenen übergeordnet;

3. Ebene = der zweiten Ebene unmittelbar unterstellt, allen anderen Ebenen übergeordnet.

Die übrigen Ebenen werden entsprechend definiert).

- Der achten oder weiteren ☐
- Der siebenten ☐
- Der sechsten ☐
- Der fünften ☐
- Der vierten ☐
- Der dritten ☐
- Der zweiten ☐
- Der ersten ☐

7. Bitte geben Sie die Dienstbezeichnung desjenigen an, der sich bei Ihnen auf der ersten Ebene befand (z. B. Vorstandsmitglied, Eigentümer)

....

....

8. Wieviel Ebenen befanden sich unter Ihrer Ebene?

- Keine ☐
- Eine ☐
- Zwei ☐
- Drei ☐
- Vier ☐
- Fünf ☐
- Sechs ☐
- Sieben ☐
- Acht oder mehr ☐

9. Fuhren Sie in Ihrer ersten Firma einen Dienstwagen?

- Ja ☐
- Nein ☐

10. Hatten Sie eine Sekretärin?

- Ich hatte keine Sekretärin ☐
- Ich hatte eine Sekretärin für mich allein ☐
- Ich hatte eine Sekretärin mit mehreren Kollegen zusammen ☐

11. Wie hoch war Ihr monatliches Brutto-Einkommen in der ersten Stellung, die Sie nach dem Verlassen der HWF eingenommen haben? (Bitte, rechnen Sie einmalige Jahreseinkünfte wie 13. Monatsgehalt, Weihnachtsgeld, Gewinnbeteiligung etc. auf den Monat um. Kindergeld bitte nicht mitrechnen!)

DM ....

12. Welche Möglichkeiten bot Ihnen Ihre erste Tätigkeit, Ihre Kenntnisse auszuwerten?
Große, mittelmäßige, geringe oder gar keine Möglichkeiten?

- Gar keine ☐
- Geringe ☐
- Mittelmäßige ☐
- Große ☐

13. Welche Möglichkeiten hatten Sie in Ihrer ersten Stellung zu selbständigem Handeln und Entscheiden, große, mittelmäßige, geringe oder gar keine?

- Gar keine ☐
- Geringe ☐
- Mittelmäßige ☐
- Große ☐

III. Abschließend interessieren uns noch einige Informationen über Ihre

jetzige Tätigkeit

(Bitte auch dann ausfüllen, wenn Sie Ihr Unternehmen noch nicht gewechselt haben!)

1. Welchem Wirtschaftszweig gehört das Unternehmen (Dienststelle, Institut) an, in dem Sie gegenwärtig tätig sind?

- Energiewirtschaft, Wasserversorgung, Bergbau ☐
- Verarbeitendes Gewerbe ☐
- Baugewerbe ☐
- Handel ☐
- Verkehr und Nachrichtenübermittlung ☐
- Kreditinstitute und Versicherungsgewerbe ☐
- Dienstleistungen ☐
- Behörden ☐
- Sonstiges und unbekannt ☐

2. Würden Sie bitte genauer angeben, in was für einem Unternehmen Sie jetzt tätig sind (vgl. Frage II/2)?

....

3. Wieviel Arbeiter, Angestellte und Beamte hat das Unternehmen (die Dienststelle, das Institut), in dem Sie heute arbeiten?

- Unbekannt ☐
- Bis 99 ☐
- 100 bis 499 ☐
- 500 bis 999 ☐
- 1 000 bis 1 999 ☐
- 2 000 bis 4 999 ☐
- 5 000 bis 9 999 ☐
- 10 000 bis 14 999 ☐
- 15 000 bis 19 999 ☐
- 20 000 und mehr, und zwar etwa .... Personen

4. Bitte, ordnen Sie sich in die Betriebshierarchie Ihres jetzigen Unternehmens ein. Sind Sie:	Leiter eines Gesamtbereiches	☐
	Stellvertretender Leiter eines Gesamtbereiches	☐
	Gruppenleiter (kleine Gruppe)	☐
	Stellvertreter eines Gruppenleiters	☐
	Assistent eines Leiters	☐
	Sachbearbeiter (o. Leitung)	☐
	Selbständiger	☐
	Sonstiges	☐
5. Könnten Sie bitte zusätzlich Ihre augenblickliche Funktion und Ihren Arbeitsbereich erläutern (vgl. Frage II/5)?	....	
6. Welcher Ebene Ihres Unternehmens (Ihrer Dienststelle, Ihres Institutes) gehören Sie heute an? (Die Ebenen sind wie in Frage II/6 zu bestimmen)	Der achten oder weiteren	☐
	Der siebenten	☐
	Der sechsten	☐
	Der fünften	☐
	Der vierten	☐
	Der dritten	☐
	Der zweiten	☐
	Der ersten	☐
7. Bitte, geben Sie die Dienstbezeichnung desjenigen an, der sich bei Ihnen auf der ersten Ebene befindet:	....	

8. Wieviel Ebenen befinden sich z. Zt. unter Ihrer Ebene?

- Keine ☐
- Eine ☐
- Zwei ☐
- Drei ☐
- Vier ☐
- Fünf ☐
- Sechs ☐
- Sieben ☐
- Acht oder mehr ☐

9. Fahren Sie einen Dienstwagen?

- Ja ☐
- Nein ☐

10. Haben Sie eine Sekretärin?

- Ich habe keine Sekretärin ☐
- Ich habe eine Sekretärin für mich allein ☐
- Ich habe eine Sekretärin mit mehreren Kollegen zusammen ☐

11. Wie hoch ist Ihr monatliches Bruttoeinkommen heute? (Bitte, berechnen Sie das Einkommen wie bei Frage II/11).

DM ....

12. Welche Möglichkeiten bietet Ihnen Ihre jetzige Arbeit, Ihre Kenntnisse auszuwerten? Große, mittelmäßige, geringe oder gar keine Möglichkeiten?

- Gar keine ☐
- Geringe ☐
- Mittelmäßige ☐
- Große ☐

13. Welche Möglichkeiten haben Sie in Ihrer jetzigen Stellung zu selbständigem Handeln und Entscheiden, große, mittelmäßige, geringe oder gar keine?

- Gar keine ☐
- Geringe ☐
- Mittelmäßige ☐
- Große ☐

14. Würden Sie sagen, daß Sie hier in dieser Position Ihren Fähigkeiten entsprechend eingesetzt sind, oder würden Sie eher sagen, daß viele Ihrer Fähigkeiten hier brachliegen?

- Ich bin meinen Fähigkeiten entsprechend eingesetzt ☐
- Viele meiner Fähigkeit liegen hier brach ☐

15. Wie beurteilen Sie Ihre Aufstiegschancen, die Sie in Ihrer jetzigen Stellung haben, gut, mittelmäßig oder schlecht?

- Gut ☐
- Mittelmäßig ☐
- Schlecht ☐
- Ich habe bereits die höchste Position erreicht, die ich erreichen kann ☐

16. Fühlen Sie sich von Ihrem Vorgesetzten richtig, nicht ganz richtig oder ziemlich falsch bewertet?

- Richtig ☐
- Nicht ganz richtig ☐
- Ziemlich falsch ☐
- Ich habe keinen Vorgesetzten, da ich selbständig bin ☐

Literaturverzeichnis

Alper, T. G.: Memory for completed and incompleted tasks as a function of personality, in: J. abn. soc. Psy., 1964, 41.

Atkinson, J. W. (Ed.): Motives in fantasy, action, and society, Princeton/N. J.: Van Nostrand 1963.

Atkinson, J. W.: Motivation and behavior, in: Atkinson et al.: Motives in ...

— Motivational determinants of risk-taking behavior, in: Psy. Rev., 1957, 64.

— Social origins of human behavior, in: Atkinson et al.: Motives in ...

— Towards experimental analysis of human motivation in terms of motives, expectancies, and incentives, in: Atkinson et al.: Motives in ...

— The achievement motive and recall of interrupted and uncompleted tasks, in J. abn. soc. Psy., 1953, 46.

— Thematic apperceptive measurement of motives within the context of a theory of motivation, in: Atkinson et al.: Motives in ...

Atkinson, J. W., *Bastian*, J. R., *Earl*, R. W. & *Litwin*, G. H.: The achievement motive, goal setting, and probability preferences, in: J. abn. soc. Psy., 1960, 60.

Atkinson, J. W. & *Litwin*, G. H.: Achievement motive and test anxiety conceived as motive to approach successs and motive to avoid failure, in: J. abn. soc. Psy., 1960, 60.

Atkinson, J. W. & *Raphelson*, A. C.: Individual differences in motivation and behavior in particular situations, in: J. Pers., 1956, 24.

Atkinson, J. W. & *Reitman*, W. R.: Performance as a function of expectancy of goal attainment, in: J. abn. soc. Psy., 1960, 53.

Ayres, C. E.: The theory of economic progress, Chapel Hill: University of North Carolina Press 1944.

Becker, Curt: Diskussionsbeitrag in: Bildungswesen und wirtschaftliche Entwicklung, Heidelberg: „Recht und Wirtschaft", 1963.

Becker, Herbert: Bildungsforschung, Bildungsplanung, Bildungspolitik, in: „die neue gesellschaft", Heft 6/66, Bielefeld, S. 457—464.

Beichelt, B.: Leistungsmotivation und Steuerwiderstand, unveröffentlichte Diplom-Arbeit des Finanzwissenschaftlichen Seminars der Universität Köln, WS 1965/66.

Berelson, B. (Ed.): The behavioral sciences today, NY/London: Basic Books 1963.

Biäsch, H. & *von Tobel*, J.: Beiträge zur Talentforschung, eine Studie über die Studenten der ETH, Bern/Stuttgart 1966.

Birney, R. C.: The reliability of the achievement motive, J. abn. soc. Psy., 1959, 58.

Bolte, Karl: Motivation, sozialer Aufstieg und Abstieg, Stuttgart: Encke 1959.

Bombach, G.: Bildungsökonomie, Bildungspolitik und wirtschaftliche Entwicklung, in: Bildungswesen und wirtschaftliche Entwicklung, Heidelberg: „Recht und Wirtschaft" 1963.

— Wirtschaftswachstum, in: HDSW, Bd. 12, Stuttgart, Tübingen, Göttingen 1962, S. 763 ff.

Brovermann, D. M., *Jordan jr.*, E. J. & *Phillips*, L.: Achievement motivation in fantasy and behavior, in: J. abn. soc. Psy., 1960, 60.

Buckner, D. M.: The predictability of ratings as a function of interrater agreement, in: J. of appl. Psy., 1959, 43.

Burnstein, E.: Fear of failure, achievement motivation, and aspiring to prestigeful occupations, in: J. abn. soc. Psy., 1963, 67.

Clark, R. A., *Teevan*, R. & *Ricciuti*, H. M.: Hope of success and fear of failure as aspects of need for achievement, in: J. abn. soc. Psy., 1960, 60.

Cooper, L. M. & *Howell*, J. R.: A reformulation of the "Fear of Failure" and "Hope of Success"-concepts as measured by McClelland's need achievement test, in: J. of soc. Psy., 1961, 53.

Coopersmith, St.: Self-esteem and need achievement as determinants of selective recall and repetition, in: J. abn. soc. Psy., 1960, 60.

Crockett, H. J.: The achievement motive and different occupational mobility, in: Am. soc. Rev., 1962, XXVII.

David, R.: A comparison of three methods of personality assessment: direct, indirect, and projective, in: J. Pers., 1955, 23.

David, Brazer, Morgan, Cohen: Educational achievement — its causes and effects; Survey Research Center, Ann Arbor/Mich., Oct. 1961, Monogr. 23.

Davies, O. L.: Statistical methods in research and production, London: Oliver & Boyd 1957.

Davis, A.: The motivation of the underprivileged worker, in: Whyte, W. F. (Ed.): Industry and society, Chicago: University of Chicago Press 1946.

Douvan, E.: Social status and success strivings, J. abn. soc. Psy., 1956, 52.

Douvan, E. & Adelson, J.: The psychodynamics of social mobility in adolescent boys, in: J. abn. soc. Psy., 1958, 56.

Du Bois, C.: Anthropology: Its present interests, in: Berelson, B. (Ed.): The behavioral sciences today.

Eckert, R.: Les théories modernes de l'expansion économique, Lyon: Bellecour 1949.

Edding, Fr.: Ökonomie des Bildungswesens; Lehren und Lernen als Haushalt und Investition, Freiburg (Brsg.): Rombach 1963.

Erdmann, K. D.: Die Anfänge des Deutschen Bildungsrates, in: „die neue gesellschaft", Heft 6/66, Bielefeld, S. 440—446.

Ericson, M. C.: Social status and child rearing practices, in: Newcomb, T. M. & Hartley (Eds.): Reading in social psychology, N. Y.: Holt 1947.

Eulenberg, Fr.: Die Herkunft der deutschen Wirtschaftsführer, in: Schmollers Jahrb., L XXIV (54).

Feather, N. T.: Persistance at a difficult task with alternative task of intermediate difficulty, in: J. abn. soc. Psy., 1963 b, 66.

Feshbach, S.: The drive-reducing function of fantasy behavior, in: J. abn. soc. Psy., 1955, 50.

Festinger, L. & *Katz*, B. D. (Eds.): Research methods in the behavioral science, London: Staples 1954.

French, E. G.: The interaction of achievement motivation and ability in problem-solving success, in: J. abn. soc. Psy., 1958 a, 57.

— Development of a measure of complex motivation, in: Atkinson et al.: Motives in ...

— Some characteristics of achievement motivation, in: J. exp. Psy., 1955, 50.

French, E. G. & *Thomas*, F. H.: The relation of achievement motivation to problem-solving effectiveness, in: J. abn. soc. Psy., 1958, 56.

French, E. G. & *Lesser*, G. S.: Some characteristics of the achievement motivation in women, in: J. abn. soc. Psy., 1964, 68.

Fröhlich, W. D.: Forschungsstatistik, Bonn: Bouvier 1965.

Galbraith, J. K.: Economic development in perspective, Cambridge/Mass.: Harvard 1962.

Gardner, L.: The assessment of human motives, New York: Rinehart 1958.

Greenwood, E.: Experimental sociology: A study in method, N. Y.: King's Crown 1945.

Havelmo, T.: A study in the theory of economic evolution, Amsterdam: North Holland 1954.

Harbison, F. & *Myers*, C. A.: Education, manpower, and economic growth, N. Y./London: McGraw Hill. 1964.

Heckhausen, H.: Hoffnung und Furcht in der Leistungsmotivation, Meisenheim am Glan: Hain 1963.

— Leistungsmotivation, Handbuch der Psychologie, Sonderdruck aus Bd. 2 „Motivationslehre", S. 602—702, Göttingen: Hogrefe 1965.

— Leistungsmotivation, Lebensentwurf und sozialer Status, unkorr. Manuskript einer Sendung des RIAS Berlin vom 2. 11. 1964.

— Einführung in den Thematischen Auffassungstest, Unveränderte Nachschrift, Psychologisches Institut der Universität Münster, 1959.

Hess, Latscha, Schneider: Die Ungleichheit der Bildungschancen, Texte u. Dokumente zur Soziologie, herausgegeb. v. Heinrich Popitz, Olten: Walter 1966.

Hilgard, E. R.: Psychology: Its present interests, in: Berelson, B.: The behavioral sciences today.

Hofstätter, P. R.: Einführung in die Sozialpsychologie, Stuttgart: Kröners Taschenausgabe, Bd. 295, 1959.

Hollingshead, A. & *Redlich*, E. C.: Social stratification and psychiatric disorders, in: Am. soc. Rev., 1953, 18.

Horwitz, H. & *Smith*, E.: The interchangeability of socio-economic indices, in: Lazarsfeld & Rosenberg: The language of social research.

Hoselitz, B. F.: The progress of underdeveloped areas, Chicago: University Press 1951.

Jones, M. R. (Ed.): Nebraska symposium on motivation, 1955, Lincoln/Nebr.: Univers. Press.

Kagan, J. & *Lesser*, G. S. (Eds.): Contemporary issues in appercetive methods, Springfield/Ill. 1961.

Karolschuck, P. A. & *Worell*, L.: Achievement motivation and learning, in: J. abn. soc. Psy., 1956, 53.

Katona, G. Die Macht des Verbrauchers, Düsseldorf/Wien: Econ 1962.

Klages, L. Die Grundlagen der Charakterkunde, Leipzig: Barth, 7. Aufl., 1936.

Knapp, R. H.: Need achievement and aesthetic preference, in: Atkinson: Motives in ...

Kolb, D. A. Achievement motivation training for underachieving high-school boys, Harvard Univers., unpublished draft.

Korn, S. Soziale Einflüsse auf die Bildung des Anspruchsniveaus, Dissertation Saarbrücken 1959.

Lazarsfeld, P. F. & *Rosenberg*, M. (Eds.): The language of social research, The Free Press: Glencoe/Ill. 1957.

Lazarus, R. S.: A substitutive defensive conception of apperceptive fantasy, in: Kagan & Lesser: Contemporary issues of apperceptive methods.

Lersch, Ph.: Die Strebungen des Menschen, in: Zeitschrift für philosophische Forschung, 1949.

Lewin, K.: Feldtheorie in den Sozialwissenschaften, dt. Übersetzung Bern: Huber 1963.

Lindzey, G. & *Heinemann*, S. H.: The thematic apperception test: individual und group administration, in: J. Pers., 1955, 24.

Litwin, G. H.: Achievement motivation, social class, and the slope of occupational preference in the United States and Japan, Dittoed paper, Harvard Univers.: Dept. Social Relations 1959.

Lohser, Oskar: Energie, Produktivität und geistige Arbeit in neuer Sicht, Wien/München: Fromme 1956.

Lowell, E. L.: The effect of need for achievement and speed of performance, in: J. Psy., 1952, 33.

Machlup, Fritz: Der Wettstreit zwischen Mikro- und Makrotheorien in der Nationalökonomie, Tübingen: Mohr 1960.

Mahone, Ch. H.: Fear of failure and unrealistic vocational aspiration, in: J. abn. soc. Psy., 1960, 60.

Martire, J. G.: The relationship between the selfconcept and generality of achievement motivation, in: Atkinson et al.: Motives in ...

Mayer, A. J. & *Sharp*, H.: Religious preference and worldly success, in: Am. soc. Rev., 1962.

McArthur, Ch.: The effect of Need Achievement on the content of TAT-stories, in: J. abn. soc. Psy., 1953, 48.

— Book review: The achievement motive, by McClelland et al., 1953, in: J. abn. soc. Psy., 1963 b, 66.

— Personality differences between middle and upper classes, in J. abn. soc. Psy., 1955, 50.

— The effects of need achievement on the content of TAT-stories: A reexamination, in: J. abn. soc. Psy., 1953, 48.

McClelland, D. C.: The use of measures of human motivation in the study of society, in: Atkinson et al.: Motives in ...

— Some social consequences of achievement motivation, in: Jones, M. R. (Ed.): Nebraska symposium on motivation.

— The achieving society, New York: Van Nostrand 1961.

— Personality, N. Y.: Dryden 1951.

— Methods of measuring human motivation, in: Atkinson et al.: Motives in ...

McClelland, D. C., *Atkinson*, J. W., *Clark*, R. A. & *Lowell:* The achievement motive, N. Y.: 1953.

McDougall, W. Aufbaukräfte der Seele, Leipzig: Thieme 1937.

McKeachie, W. J.: Motivation, teaching methods, and college learning, in: Jones, M. R. (Ed.): Nebraska symposium on motivation, Lincoln/Nebr. 1961.

Meier, R. L.: Science and economic development, N. Y./London: Whily/Chapman & Hall 1956.

Meili, R.: Untersuchungen über das Intelligenzniveau von Schweizer Kindern, Sondernummer des Mitteilungsblattes „Nachwuchsförderung", Schweizerische Vereinigung für die Förderung des beruflichen und wissenschaftlichen Nachwuchses, Nr. 6, 1964.

Minor, C. A. & *Neel*, R. G.: The relation between achievement motivation and occupational preference, in: J. con. Psy., 1958, 5.

Mitchell, W.: Delay of gratification on need for achievement and acquiescence in another culture, in: J. abn. soc. Psy., 1961, 62.

Morgan, H. H.: Measuring achievement motivation with "picture interpretation", in: J. cons. Psy., 1953, 17.

Morgan, J. N.: The achievement motive and economic behavior, Reprinted from Economic Development and Cultural Change, Vol. XII, 3 April 1964.

Morgan, J. N., *David*, M., *Cohen*, W. & *Brazer*, H.: Income and welfare in the United States, New York: McGraw Hill 1962.

Moser, C. A.: Survey methods in social investigations, London: Heineman 1958.

Moulton, R. W.: Notes for a projective measure of fear of failure, in: Atkinson et al.: Motives in ...

Moulton, R. W., *Raphelson*, A. C., *Kristofferson*, A. B. & *Atkinson*, J. W.: The achievement motive and perceptual sensivity under two conditions of motive-arousal, in: Atkinson et al.: Motives in ...

Müller-Armack, A.: Genealogie der Wirtschaftsstile, Stuttgart 1941.

Murray, H. A.: Toward a classification of interactions, in: Parsons/Shils: Towards a general theory of action.

Newcomb, T. M. & *Hartley*, E. L. (Eds.): Reading in social psychology, N. Y.: Holt 1947.

Norman, R. N. & *Alpert*, R.: The role of situation and picture cues in projective measurement of the achievement motive, in: Atkinson et al.: Motives in ...

Paff, Günter: Schulleistung, Berufseignung und Bewährung, Bern/Stuttgart: Huber 1966.

Parsons/Shils: Toward a general theory of action, Cambridge/Mass.: Harvard 1951.

Raphelson, A. C.: The relationship among imaginative, direct verbal, and psychological measures of anxiety in an achievement situation, in: J. abn. soc. Psy., 1957, 54.

Reisman, L.: Levels of aspiration and social class, Am. soc. Rev., 1953, 18.

Reitman, W. R. & *Atkinson*, J. R.: Some methodological problems in the use of thematic apperceptive measures of human motives, in: Atkinson et al.: Motives in ...

Ricciuti, H. M. & *Schultz,* D. G.: Level of aspiration measures and self-estimates of personality in relation to achievement motivation, Education Testing Service, Princeton/N. J.: 1958.

Ricciuti, N. M. & *Sadacca,* R.: The prediction of academic grades with a projective test of achievement motivation, II.: Cross validation on high-school-level, Princeton/N. J.: Education Testing Service 1955.

Rohracher, H.: Einführung in die Psychologie, Wien/Innsbruck: Urban 1951.

Rosen, B. C.: Race, ethnicity and the achievement syndrome, in: Am. soc. Rev., 1959, XXIV.

— The achievement syndrome: A psychocultural dimension of social stratification, in: Atkinson et al.: Motives in ...

Rostow, W. W.: The process of economic growth, New York: Norton 1952 and Oxford: Clarendon 1960.

Samelson, F.: The relation of achievement and affiliation motives to conforming behavior in two conditions of conflict with a majority, in: Atkinson et al.: Motives in ...

Scherhorn, G.: Verhaltensforschung und Konsumtheorie, in: Schmollers Jahrbuch, 80. Jahrg., 1. Heft, Berlin 1960.

— Methodologische Grundlagen der sozialökonomischen Verhaltensforschung, Köln/Opladen 1961.

Scheuch, E. K.: Führungsgruppen und Demokratie in Deutschland, in: „die neue gesellschaft", Bielefeld, Heft 5/1966, S. 356—370.

Schilcher, R. (Hrsg): Wirtschaftswachstum — Beiträge zur ökonomischen Theorie und Politik, Berlin: de Gruyter 1964.

Schlieper, Fr.: Allgemeine Unterrichtslehre für Wirtschaftsschulen, Freiburg: Lambertus-Verlag 1957.

Schmölders, G.: Der Beitrag der Verhaltensforschung zur Theorie der wirtschaftlichen Entwicklung, in: Systeme und Methoden der Wirtschafts- und Sozialwissenschaften, Tübingen: Mohr 1964.

— Ökonomische Verhaltensforschung, in: Arbeitsgemeinschaft des Landes NRW, Heft 71, Köln/Opladen 1957.

— Das Irrationale in der öffentlichen Finanzwirtschaft, Hamburg: rde 1960.

Schumpeter, J.: Theorie der wirtschaftlichen Entwicklung, 5. Aufl., Berlin 1952.

Scott, W. A.: The avoidance of threatening material in imaginative behavior, in: Atkinson et al.: Motives in ...

Sewell, W. H. & *Holler,* H. O.: Factors in the relationship between social status and the personality adjustment of the child, in: Am. soc. Rev., 1959, 4.

Shipley, T. E. & *Veroff:* A projective measure of need for affiliation, in: Atkinson et al.: Motives in ...

Sonnenhol, G. A.: Utopie dieser Zeit — Wirtschaftswachstum ohne Schmerzen, in: „Außenpolitik", Heft 8/1966, Freiburg/Brsg.: Rombach, S. 463—474.

Statistisches Jahrbuch für die BRD 1963, Statistisches Bundesamt Wiesbaden.

Stone, R.: The role of measurement in economics, Cambridge 1951.

Stouffer, S. A.: Methods of research used by American social scientists, in: Berelson, B. (Ed.): The behavioral sciences today.

Strümpel, B.: Wirtschaftliche Entwicklung als menschliches Verhalten, Berlin: Duncker & Humblot 1964.

— Volkswirtschaftliche Kriterien für Ausbau und Ausgestaltung des Erziehungs- und Bildungswesens, Schmollers Jahrbuch, Berlin: Duncker & Humblot 1965.

Tolman, E. C.: Principles of performance, in: Psy. Rev., 1955, 62.

— A cognition motivation model, in: Psy. Rev., 1952, 59.

Toman, W.: Dynamik der Motive, Ffm./Wien: Humboldt 1952.

Tritsch, W.: Die Wirtschaftsdynamik unserer Zeit, Stuttgart: Schwab 1959.

Veroff, J., *Wilcox*, S. & *Atkinson*, J. W.: The achievement motive in high school and college age women, in: J. abn. soc. Psy., 1953, 48.

Veroff, J. & *Feld*, S.: Achievement motivation and religion, in: Am. soc. Rev., 1962.

Vogel, W., *Baker*, R. W. & *Lazarus*, R. S.: The role of motivation in psychological stress, in: J. abn. soc. Psy., 1958, 56.

Warner, W. L. & *Lunt*, P. S.: The status system of a modern community, New Haven: Yale 1942.

Weber, Max: Wandlungen und Probleme der modernen Wirtschaft, Bern: Schweizerischer Gewerkschaftsbund 1955.

Weißkopf, E. A. & *Dunberg*, jr., G. P.: Bodily similarities between subject and central figures in the TAT as influence on projection, in: J. abn. soc. Psy., 1952, 47.

Whyte, W. F. (Ed.): Industry and society, Chicago: University of Chicago Press, 1946.

Widmaier, H. P.: Bildungspolitik in einer wachsenden Wirtschaft, in: „die neue gesellschaft“ Heft 1/67, Bielefeld, S. 16—26.

„Wirtschaft und Erziehung“, Monatsschrift des Verbandes Deutscher Diplom-Handelslehrer, Wolfenbüttel: Heckners Verlag 1965 und 1966.

Yule, G. U. & *Kendall*, M. G.: An introduction into the theory of statistics, London: Griffin 1950.

Zapf, W.: Wandlungen der deutschen Elite, Studien zur Soziologie 2, München: Pieper 1965.

Zeitfracht Medien GmbH
Ferdinand-Jühlke-Straße 7
99095 Erfurt, Deutschland
produktsicherheit@kolibri360.de

Druck:
CPI Druckdienstleistungen GmbH
im Auftrag der
Zeitfracht Medien GmbH
Ein Unternehmen der Zeitfracht - Gruppe
Ferdinand-Jühlke-Str. 7
99095 Erfurt